JN063254

キム イェゴン
金禮坤 著

定本
韓国語講座

Haza

はじめに

おどろきと喜びを禁じ得ない。半世紀以上前の著作が新たな姿でよみがえるのだから。

今ひとつ，雑誌に連載していた講座が終われば，１冊にまとめたいと思っていたことが，叶ったからだ。

思い起こせば，当時は活版印刷の時代であった。ひらがなも，カタカナも，漢字も，ローマ字も，ハングルも，発音記号も，すべて１本１本の活字だった。原稿を書く私も，編集する人も，活字を組む人も，印刷する人々も，文字の１つ１つに，みなが心を込めてつくった講座であった。

半世紀がすぎたとはいえ，韓国語は今もかがやいている。この入門書によって，あたらしい出会いがうまれることは，大変たのしみである。

日本語を母語とする若い在日のみなさんには，母国語と共に，上を向いてあゆめるようになっていただければと願う。越鳥（えっちょう）南枝（なんし）ということばがある。ふるさとを思う心を言うことばだ。

そうした心を抱き，羽ばたく鳥になってほしい。

同じく日本語を母語とする日本のみなさんも，韓国語を学ぶなかで，人生に大切なものが見えてくると信ずる。

韓国語＝朝鮮語という言語の世界。
ハングルという文字の世界。

文字を見れば音がわかる。
音を聞けば文字がわかる。

どう考えてみても，これはおもしろいではないか。
共に学んでくだされば，うれしい。

金（キム） 禮坤（イェゴン）

目次

凡例

＊本書の原著は朝鮮青年社より 1961–62 年に刊行された月刊誌『新しい世代』に連載された，金禮坤（キムイェゴン）執筆の「国語講座」です。同講座は，2021 年に朝日出版社より復刻刊行されました。本書は，原著および朝日出版社版の『韓国語講座』を，修正，増補し，さらに巻末に解説を加え，装幀を新たにし，『定本 韓国語講座』として刊行するものです。本書の背景や意義など，詳細については，207–223 ページの解説をご覧ください。

＊「第１回」などは原著の雑誌連載時のものです。
＊原著の発音記号は，今日，日本語圏で広く用いられている，国際音声学会（IPA）の国際音標文字に置き換えています。
＊基本的に原著の例文を生かしつつも，著しく時代に沿わない内容のものは，ごく一部変更を加えています。同様に，解説の記述も，時代による言語の大きな変化が見られる点は，その旨を原著者が書き加えています。小見出しの形式も，一部変更しています。
＊原著および朝日出版社版の誤字は訂正しています。
＊原著の「朝鮮語」という言語名は，本書では基本的に「韓国語」，またいずれの名称を用いても，基本的には同じ言語であることを示すために，必要に応じて「韓国語＝朝鮮語」と表記しています。

講座のまえがき

これから，みなさんといっしょに韓国語＝朝鮮語の勉強をはじめることになりました。みなさんのなかにはもうハングルの初歩をまなんでいてかんたんな文章なら，よみかきできる人もいると思います。そういう方は復習するという気もちで，この講座をよんでいただきたいと思います。というのは,わたしは,日本でうまれ，日本でそだった，韓国語をぜんぜんしらない人を相手に，この講座をひらきたいと考えているからです。

この講座は，韓国語のイロハも知らない人を韓国語の達人にしあげようという，そんなおおそれたものではありません。韓国語のイロハも知らなかった人が，韓国語のイロハだけでも知っていただければけっこうで，そういうかるい気もちでかいたつもりです。ですから，みなさんもそういう心がまえでよんでいただきたいと思います。いままでいろんな理由で韓国語の勉強ができなかった人たちに，この講座が，韓国語を勉強するきっかけになれば，幸いです。

わたしは，わたしたちの父や母が，祖父や祖母が，ながいあいだつかってきたことばをともにまなぶよろこびをわかちあいたいだけなのです。そしてできればみじかい期間のうちに新聞や雑誌の簡単な文章ぐらいは，辞書をひきひきしながらでも読めるようにまでもってゆきたい，これがわたしの最大の願いです。しかしこれは，わたしだけがんばってできるものではありません。みなさんにもがんばってもらわねばならないことです。

発音の勉強について

ところで日本語だけしか知らない人が，韓国語の勉強をしようとして，はじめにびっくりすることは，韓国語の発音のややこしさでしょう。韓国語を勉強するとき，韓国語の発音がむずかしいと感ずるでしょうが，反対に，韓国語の母語話者が日本語の勉強をするとき，日本語の発音のむずかしさにおどろくのです。なれないことばの勉強は，多かれ少なかれややこしさがつきまとうものなのです。その証拠に，韓国語でそだった日本にいる韓国語母語話者の多くは韓国語的ななまりが日本語のすみずみにでているはずです。たとえば，日本語の「リンゴ」を「ニンゴ」あるいは「インゴ」などと発音してしまうことがあります。

こんな笑い話がありました。わたしたちの父がふるさとをはなれて日本にわたってきて，まず，ありつく仕事といえば，土方でした。その土方をしていたある韓国語母語話者が打ってはならないところへクイをうちこもうとしたときです。日本人の監督さんに「バカ！」とどなられましたが，かれはやめるどころか力まかせにクイをうちこんでしまったのです。この人は監督さんにたいへんしかられたのですが，いっこうになっとくがゆきません。それはそのはず，この人は「バカ！」という日本語の単語を韓国語の「パガ！」という単語としてききとったか らです。韓国語の「パガ」は「うちこめ」という意味なのです。しかし，このなかには笑い話ではすまされない問題がありま す。というのは，韓国語には韓国語どくとくの発音のしかたがあり，日本語には日本語どくとくのそれがあって生まれおちてからの習慣により韓国語母語話者は韓国語風の，日本語母語話者は日本語風の発音のしかたしかできないからです。ですから，韓国語母語話者が日本語の「バカ」を「パガ」としか発音できないし，ききとれなかったとしても，けっしておかしなことではないのです。恥にもなりません（なぜ韓国語母語話者が日本語の「リンゴ」を「ニンゴ」,「バカ」を「パガ」と発音する傾向があるのかという理由は，あとで説明します）。

わかい世代の韓国語母語話者に，としとった韓国語母語話者のこのような発音をきいて，笑う人もいるでしょうが，そういう人が祖国にかえったとき，きみの韓国語はすこしへんだといわれるかもしれません。日本でそだった韓国人の韓国語が日本語風になるのもあたりまえです。同胞をあざけわらったり，同胞にあざけわらわれたりするようなことをなくすためにも，こういう理くつを知っておく必要はありましょう。

そういう理くつを知っているよりもっとよい方法は，韓国語は韓国語らしく，日本語は日本語らしく発音することです。実際的にみて，その方が誤解をまねかずに相互の考えや意志の伝達がなめらかにすすめられ，それにもまして，自分の母語にたいして，また母語でない言語にたいして，正当な敬意を表していることになるからです。そして，そのことは努力さえすれば，不可能なことではないのです。

韓国語の発音のむずかしさも，たんに実際的に，経験的にまなぶということだけではなしに，意識的に，合理的に，科学的にまなべば，とりのぞくことのできるものです。まずわたしは韓国語の発音はどんなしくみでできているか，できるだけわかりやすく説明してみましょう。

文字と発音

母音（その 1）

まず母音からはじめてみましょう。韓国語の母音は 8 つありますが，日本語にはアイウエオの 5 つしかありません。3 つ多いわけですが，母音をみているかぎりでは，韓国語の方が日本語よりもはるかにむずかしいといえそうです。いいかえれば，母音の組織，母音の体系は，韓国語は日本語よりはるかにこみいっているといえるのです。

どの言語にも母音という音（音韻）のグループがあるのですが，母音とはいったいどういう音なのか。かんたんにいえば，アイウエオのような音が母音だと思えば，それでいいのですが，少しかたくるしくいえば，口むろのなかではく息が共鳴するときにおこる音で，舌や歯や唇など，発音器官によってさまたげられずに出る音です。口むろはちょうど，オルガンのパイプのようなはたらきをしています。

このばあい，はく息はのどをとおってゆくとき声帯をふるわせます。のどぼとけに指をあてて「アー」と発音してみてください。ふるえがつたわってくるでしょう。このように声帯の振動をともなう音を有声音といいます。母音は基本的には有声音なのです。口むろのなかの舌の位置をいろいろかえると，共鳴のしかたがかわって，ね色のちがった母音がでてきます。はじめに「イ」をだし，つづいて「ア」をだしてごらんなさい。そして，イア，イア，イア，イア，とくりかえしてごらんなさい。舌の位置のうつりかわりがわかるでしょう。

韓国語には，ちがった母音がつぎのように８つあります。

(1) ㅏ [a]	(2) ㅣ [i]	(3) ㅜ [u]	(4) ㅡ [ɯ]
(5) ㅗ [o]	(6) ㅓ [ɔ]	(7) ㅔ [e]	(8) ㅐ [ɛ]

（文字の順序は，説明のしやすいようにならべました。正書法にさだめられた順序は，あとまわしにします）

(1) ㅏ [a]

この母音は日本語のアとほとんどおなじです。ですから，この母音を身につけるためにとくべつ練習する必要はありません。

(2) ㅣ [i]

この母音も日本語のイとほとんどおなじです。韓国語ではㅣという母音は〈歯〉を意味しています。それに〈しらみ〉という意味もあります。

ハングルでは，この母音 [i] そのものはㅣとかき，たて棒１本でできているのですが，〈歯〉あるいは〈しらみ〉の単語を

かくばあいは，ㅣのまえにㅇをおいて이のようにかきます。ハングルの正書法では，母音ではじまる音節ではかならずㅇがさきにかかれます。たとえば아이 [ai, アイ]（これは日本語の〈愛〉のように発音してください）とかき,〈子ども〉という意味です。

(3) ㅜ [u]

この母音は日本語のウに少しにていますが、ちがう音です。ちょっと用心しなければなりません。というのは，4 番目の母音ㅡ [ɯ] も日本語母語話者の耳には日本語のウのようにきこえるからです。つまりㅜ [u] とㅡ [ɯ] との区別がはっきりしないのが，みなさんあるいは，日本語母語話者にとって，ふつうだと思います。

ここでまず，韓国語のㅜ [u] と日本語のウとの区別をはっきりさせておく必要があります。

だいたい，関東にすんでいる日本人のウの発音は，くちびるがまるみをおびずにくちびるがつきでていません。くちびるはたいらで，力がはいっておらずたるんでいます。ところが，韓国語のㅜはちょっとくちびるに力をいれて，まるくしてまえにつきだせば（カッパのくちびるのようにつきだせば）韓国語のㅜという音がでてきます。

日本語のウとくらべて韓国語のㅜ [u] は，感覚的にいえば,非常にすんだあかるいね色です。日本の関西方言のウは，韓国語のㅜ [u] ににています。

一番目の母音ㅏ [a] とㅜ [u] をあわせると,〈弟〉という意味になります。単語をかくばあいは아우 [au, アウ] とかきます。音節のまえには音のない字母があるでしょう。単語全体として

のリズムは우の方に力がよけいかかっています。また우の方がたかいのです。

(4) ㅡ [ɯ]

いよいよ，やっかいなㅡ [ɯ] の発音ですが，ちょっと発音のしかたをおぼえると，わけなくできる音です。その方法は，まずㅣ [i] をだしておいて，そのときの，くちびるのかっこうをそのままのこし，舌の位置をうしろにひけばよいのです。ふつうㅣ [i] あるいはイを発音するときは，くちびるが横になって上くちびると下くちびるのあいだがせばまっています。このくちびるのかっこうをそのままにして，舌の位置だけをうしろに後退させるといいのですが，それがむずかしくてできない人は，ㅣ [i] という母音をだして，親ゆびとひとさしゆびでくちびるのかっこうを固定してください。そして，舌をうしろにひいてください。舌をうしろにひけない人は，エンピツで舌をうしろにおしやるといいでしょう。すると韓国語の母音ㅡ [ɯ] の音がでてきます。要するにイのくちびるの形のまま，ウを発音する要領です。

もう１つの方法は，日本語のウを発音しておいて，親ゆびとひとさしゆびとでくちびるの両はしをおさえ，ひらたくはればいいのです。

こうしてみると，日本語のウは韓国語のㅜ [u] とㅡ [ɯ] との中間の母音だということになります。みなさんが韓国語のㅜ [u] もㅡ [ɯ] もウにきこえるのは，理由のないことではないのです。

はじめにㅣ [i] を発音し，つぎにㅡ [ɯ] を発音してください。つぎにㅡㅣ，ㅡㅣとくりかえしてみてごらんなさい。舌の位置の前後運動があるだけです。

つぎにㅜㅡ，ㅜㅡ，ㅜㅡとくりかえしてごらんなさい。くちびるがまるくなったり，ひらたくなったりくちびるの動きがあるだけでしょう。この練習をくりかえしていますと，舌のうごき，くちびるのうごきがやわらかくなって，韓国語のㅡ [ɯ] はらくにマスターできます。

ㅡ [ɯ] という母音は, 音声学では, 中舌音（なかじたおん, ちゅうぜつおん）といわれています。このような中舌音は，日本の東北方言に特徴的です。

(5) ㅗ [o]

この母音は，日本語のオにちかい音ですが，日本語のオにくらべて，韓国語のㅗ [o] はくちびるにまるみがあり，まえにつきでている点でちがいます。ですから，日本語母語話者でもちょっとくちびると舌に力をいれてはっきりとオを発音すれば，韓国語のㅗ [o] にちかい母音がだせるわけです。韓国語のㅗ [o] の母音には, かずの〈5〉という意味があります。語調は〈なるほど〉という意味をふくめて「オーそうですか」というときのオーです。

(6) ㅓ [ɔ]

ところでㅓ [ɔ] にとりかかりましょう。この韓国語の母音は，日本でそだったかたにはオのようにきこえ，ㅗ [o] とㅓ [ɔ] との区別がつかないのです。感覚的には，ㅗは，あかるい感じのするはりのある音ですが，ㅓ [ɔ] はくらい，力のぬけたような音です。感覚的なちがいは主観的なものですから，この 2 つの母音が，発音のし方のうえでどうちがうか，あきらかにしてみましょう。

まえにも説明したように，ㅗ [o] はくちびるにまるみがあって，それがまえにつきでているのですが，ㅓ [ɔ] の方は，はんたいにくちびるがひらたく，左右にはっています。ですからㅗ [o] を発音して，親ゆびとひとさしゆびでくちびるのまるみをとってたいらにしてやれば，ㅓ [ɔ] の母音がでるわけです。この２つの母音の関係は，まえに説明したくちびるがまるいㅜ [u] とくちびるがたいらなㅡ [ɯ] との関係とおなじなのです。その点では，ㅓ [ɔ] とㅡ [ɯ] とは本質的にはおなじような音色の母音だということになります。

では，ㅓ [ɔ] とㅡ [ɯ] とがどうちがうかといえば，ㅓ [ɔ] の方はㅡ [ɯ] よりも舌の位置がひくいのです。ですから，ㅡ [ɯ] の発音のできる人はいちどㅡ [ɯ] の音をだしておいて，舌の位置をひくくするとㅓ [ɔ] の音ができます。舌の位置をひくくするということは，両くちびるのあいだのすきまを大きくしてやることです。ですからㅓ [ɔ] をだすには，ㅡ [ɯ] をだしておいて口を大きくひらいてやればいいのです。舌もうしろにさがります。

ㅡ [ɯ] を発音しておいて，口をちょっとひらけばㅓ [ɔ] になります。，ㅡㅓ，ㅡㅓ，ㅡㅓ，とくりかえしてごらんなさい。舌が上下にうごくとともに口がひらいたりすぼんだりするでしょう。

(7) ㅔ [e]

この母音もなかなかむずかしい音です。というのは，日本語にはエは１つしかないのですが，韓国語にはもう１つのエ，つまり８番目の母音ㅐ [ɛ] があって，ふたとおりのエがあるからです。韓国語母語話者にとっては７番目の母音ㅔ [e] と８番目の母音ㅐ [ɛ] とは，はっきりちがったものなのです。日本語母語話者にはこのちがいがはっきり区別できません。

では７番目の母音ㅔ [e] はどんな音でしょうか。かんたんにいえば，だいたい日本語のイとエとの中間にあるといえます。ですからㅔ [e] の発音をだそうとすれば，日本語のイを発音しておいて，すこし舌の位置をひくめてくちびるのひらきをおおきくしてやるか，あるいは日本語のエを発音しておいて，舌の位置をすこしたかめてくちびるのひらきぐあいを小さくしてやればよいわけです。

新宿駅にたってきいてごらんなさい。「エケブクロユキ」（池袋行き）という声がきこえるでしょう。このときの「エ」こそ韓国語のㅔ [e] です。新潟あるいは群馬の方言ではイとエとの区別がなく，韓国語のㅔ [e] にちかい母音があるので，その母語話者はしばしば正確に「イケブクロ」と発音できないことがあります。

(8) ㅐ [ɛ]

ところが８番目のㅐ [ɛ] は，日本語のエよりも舌の位置がひくく，両くちびるのひらきぐあいがおおきいのです。ですから日本語のエを発音しておいて両くちびるのあいだをひろげると，韓国語の母音ㅐ [ɛ] ができます。このㅐ [ɛ] は英語の cat や hat の a と非常にちかい母音です。

ㅐの発音ができるようになったら，両くちびるのかっこうをそのままにしておいて，舌の位置をうしろにひいてごらんなさい。ㅓ [ɔ] の音ができるでしょう。つまりㅐ [ɛ] とㅓ [ɔ] との関係はㅣ [i] とㅡ [ɯ] との関係とおなじなのです。

なお現在のソウルのことばでは，７番目の母音ㅔ [e] と８番目の母音ㅐ [ɛ] の区別がなくなって，日本語の「エ」のように発音されています。ただし文字の上では必ずくべつして書きわけます。

以上８つの母音は単母音のなかまです。ここで図表にまとめておきましょう。

舌の位置 舌の高さ（ひらき具合）	前舌母音 両くちびるはたいら	中舌母音 両くちびるはたいら	後舌母音 両くちびるはまるい
くちびるのひらきがせまい （舌の位置が高い）	ㅣ [i]	ㅡ [ɯ]	ㅜ [u]
半せばめ	ㅔ [e]		ㅗ [o]
半びらき	ㅐ [ɛ]		ㅓ [ɔ]
くちびるのひらきがひろい （舌の位置がひくい）		ㅏ [a]	

＊ㅓ [ɔ] は現在のソウルのことばではくちびるはまるくありません。平壌のことばではまるく，かつ中舌です。ㅗ [o] はソウルでは半せばめ，平壌では半びらきで発音されます。地方によってこうした若干の違いがあります。

この図表をそのまま口むろの中にいれてみると仮定してみましょう。舌の位置のたかい，ひくい，まえ，うしろ，それに両くちびるのかっこうのちがいによって，これらの母音のちがいがうまれてくることが，よくわかるでしょう。

第2回

母音（その2）

さて，前回にひきつづき，母音の勉強をもう少しつづけてみましょう。前回では韓国語の母音は8つあると説明しましたが，実は，韓国語の母音のなかまはみんなあわせると21あります。

韓国語には，さきにあげた8つの単母音のほかに，もう2つの単母音ᅬとᅱがあり（これはあとで説明いたしますが）そのほかに11の重母音があって，韓国語の母音の体系は，とても，こみいったものになっています。でも，この重母音というのは，母音を2つかさねたものですから，おぼえるのにはとくべつの苦労はいりません。

1つの音節のなかで，2つの母音がくみあわさると，それが重母音になるのですが，みなさんには，日本語のわ行音，や行音が重母音だといった方がぴんとくるでしょう。このような重母音にたいして，まえにあげた母音のことを単母音といいます。

韓国語の重母音も，日本語の重母音とおなじように，や行音の系列のものと，わ行音の系列のものとがあります。や行音の系列のものには，

（1）ㅑ [ja]（2）ㅕ [jɔ]（3）ㅛ [jo]（4）ㅠ [ju]
（5）ㅒ [jɛ]（6）ㅖ [je]

があり，わ行音の系列のものには，

（7）ㅝ [wɔ]　（8）ㅞ [we]　（9）ㅘ [wa]
（10）ㅙ [wɛ]

があります。そして，それ以外にもう１つ韓国語どくとくの

（11）ㅢ [ɯi]

があります。

や行音の系列の重母音は，単母音ㅏ，ㅓ，ㅗ，ㅜ，ㅐ，ㅔのまえに，音の長さのみじかいㅣ [i] がかさなってできている重母音です。この種の重母音をあらわす文字のかき方を注意してみてください。単母音をあらわす文字に１本よけいな線があるでしょう。このよけいな線がみじかいㅣ [i] をあらわしているのです。このみじかいㅣ [i] を j という発音記号であらわしておきました。

（1）　ㅑ [ja]

この文字の発音は，日本語の「や」と同じで，音の上でみじかいㅣ [i] とㅏ [a] とがくみあわさってできています。文字のかきかたは，まずたて棒を１本ひいて，その右にみじかいひさしを１本つけてください。すると，[a] をあらわす文字ㅏができます。このㅏにもう１本ひさしをつけてやるとㅑ [ja] になります。

(2) ㅕ [jɔ]

この文字の発音は，音の上でみじかいㅣ [i] とㅓ [ɔ] とがくみあわさって，できた重母音です。かき方はㅑ [ja] とは反対です。日本語の，「よ」にちかい音ですが，それとどうちがうかということは，16 ページで説明したㅓの発音のし方をよみなおすとすぐわかります。

(3) ㅛ [jo]

この文字の発音も日本語の「よ」に近い音です。かきかたは，まずみじかいたて棒を 1 本ひいて，その下に横線を 1 本ひくと ㅗ [o] をあらわす文字ができますが，重母音ㅛ [jo] をあらわす文字をつくるには，みじかいたて棒を 2 本ひいて，その下にながい横棒をひけばいいのです。

(4) ㅠ [ju]

この文字の発音は，日本語の「ゆ」にちかい音です。かきかたは，まず横線を 1 本ひいてその下にすこしみじかめにたて棒を 1 本ひいてください。すると，ㅜ [u] をあらわす文字ができるでしょう。その左横にもう 1 本たて棒をつけたせばㅠ [ju] をあらわす文字ができます。あとからつけくわえる棒はすこしながめに。

(5) ㅒ [jɛ]

この重母音は音の上でのみじかいㅣ [i] とひろいㅐ [ɛ] とのく

みあわせです。このひろいㅐ [ɛ] をあらわす文字はㅏ [a] とㅣ [i] からなりたっています。そして重母音のㅒ [jɛ] をあらわす文字はㅑ [ja] とㅣ [i] とからなりたっています。

ひろいㅐ [ɛ] にあらわす文字がなぜㅏ [a] とㅣ [i] とからなりたっているかといえば，このひろいㅐ [ɛ] は，むかしは１つの音節で아이 [ai] と発音されていたのですが，それが１つの母音にうつっていったのです。その証拠には，いまでも子供のことを아이 [ai] とも애 [ɛ] ともいいます。標準語では鳥のことを 새 [sɛ] といいますが，この単語をある方言では사이 [sai] と発音しています。つまり文字のかきかたのなかに韓国語の音声の歴史がきざみこまれているわけです。

(6)　ㅖ [je]

この重母音は音の上でのみじかいㅣ [i] とせまいㅔ [e] のくみあわせです。このせまいㅔ [e] をあらわす文字はㅓ [ɔ] とㅣ [i] をくみあわせた文字です。重母音のㅖをあらわす文字はㅔ [e] とㅣ [i] とからなりたっています。せまいㅔ [e] をあらわす文字がなぜㅓ [ɔ] とㅣ [i] とからなりたっているかといえば，むかしはこの発音は어이 [ɔi] と発音されていたからなのです。標準語でカニのことを게 [ke] というのですが，ある方言では，いまでも거이 [kɔi] といっています。

わ行音の系列の重母音は，ㅓ [ɔ]，ㅔ [e]，ㅏ [a]，ㅐ [ɛ] のまえに，みじかいウがかさなってできあがったものですが，このみじかいウをかきあらわす文字はㅓとㅔのまえではㅜ [u] がつかわれ，ㅏとㅐのまえではㅗ [o] がつかわれています。

(7) ㅝ [wɔ]

この母音は，ㅜ [u] とㅓ [ɔ] とがかさなって，できた重母音であることは，はっきりしています。発音のしかたも，文字のかきかたも，もう説明する必要はないでしょう。ㅜをみじかく発音して，そのつぎに，あいだをおかないでつづけてㅓ [ɔ] をだしてごらんなさい。

(8) ㅞ [we]

この重母音はㅜ [u] とㅔ [e] とがくみあわさったものです。日本の文字なら，「ウェ」とかいた音にちかいでしょう。

(9) ㅘ [wa]

ㅜ [u] とㅏ [a] とがかさなってできた重母音で，日本語の，「わ」とだいたい同じものだと思えばいいでしょう。まえにあるみじかいウはㅜ [u] であらわさないで，ㅗ [o] であらわしていることに注意してください。

(10) ㅙ [wɛ]

ㅜ [u] とㅐ [ɛ] とがかさなってできた重母音です。この母音も，日本文字でかけば「ウェ」なのですが，ㅞ [we] とのちがいは，まったくㅐとㅔのちがいです。まえの講座の 17 ～ 18 ページをよみなおしてください。ㅘとㅙを [oa]，[oɛ] のように発音しないように気をつけてください。

(11) ㅢ [ɯi]

この重母音はㅡ [ɯ] とㅣ [i] とがくみあわさったものです。単母音のㅡとㅣをつづけてはやくちに発音すればいいわけですが，なかなかりくつどおりにいきません。根気よく練習をかさねてください。

さて以上で 11 の説明がおわったわけですが，そのほかにまだㅟとㅚという母音があります。この 2 つの母音は，文字の上からみるとやはり重母音なのですが，実際には重母音に発音されたり，単母音に発音されたりしています。ですからこの母音を単母音としてあつかったり，重母音としてあつかったりする説があって，韓国語の音声にとってはやっかいな存在なのですが，いまの学校文法では，単母音としてあつかっています。この講座ではまず，学校文法にしたがってやってゆきます。

(12) ㅟ [ü]

この母音の発音のしかたは，まず，ㅣ [i] を発音しておいて，舌の位置をうごかさずに，両くちびるをまるめてください。あるいは，ㅜ [u] を発音しておいて両くちびるのまるみはとらずに，舌の位置を最大限にまえの方にうごかしてください。そうするとできてくる母音なのです。韓国語の上手な人にきいて，まず耳をならす必要がありますが，それができないかたは重母音 [wi] のように発音しておいてもかまいません。

この母音はドイツ語の u ウムラオトにちかい母音で，そのように発音しないといけないという人もいますが，あまり神経質にならないでどんどん先にすすんでいくことです。この音は

今日のソウルでは [wi ウィ] と発音されています。

(13) ㅚ [ö]

この母音も，まえにあげたㅟとおなじような性質のものです。発音のしかたは，まずㅔ [e] を発音しておいての舌の位置をそのままにし，両くちびるをまるめてください。すると，できてくる母音です。またㅟ [ü] を発音しておいて，舌の位置をすこしひくくするかそれとも口のひらきぐあいをすこし大きめにするといいのです。ドイツ語の o ウムラオトにちかい母音で，ㅟ [ü] とおなじように，その発音はなかなかむずかしいのですから，すぐにできないかたは，ゆっくりマスターするとして，当分は重母音 [we] のように発音していてください。

実際には，たとえばソウル方言では，このㅚ [ö] は，ㅞ [we] と，くべつなく発音されています。

さて，これで母音をすべて知ったことになりました。それでは，ここで整理しておきましょう。

わたしは，まえに，韓国語の母音には，単母音と重母音とがあるといいました。単母音は，まえの講座であつかった 8 つと，いま勉強したㅟ [ü]，ㅚ [ö] の 2 つで合計 10 あります。それに 11 の重母音があるわけですが，この重母音は，いまの学校文法では，合成母音と重母音との 2 種類にわけられています。つまり，や行とわ行の系列の重母音は，学校文法では合成母音となづけられており，ㅢだけはとくべつあつかいにされて，重母音となづけられているのです。それには，科学的な根拠があります。むずかしくいえば，合成母音はのぼりの重母音であり，学校文法でいう重母音は，くだりの重母音なので，おなじ重母音でも性質がちがっているのです。のぼりとか，くだりとかいうのは音節のなかの中心的な部分が，重母音のなかのどこにあるか，ということによってきまるわけです。

さて以上の母音を分類して表にまとめるとつぎのようになります。

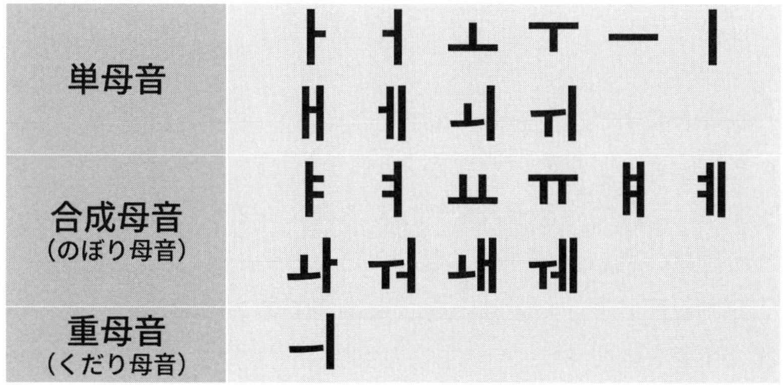

単母音	ㅏ ㅓ ㅗ ㅜ ㅡ ㅣ ㅐ ㅔ ㅚ ㅟ
合成母音（のぼり母音）	ㅑ ㅕ ㅛ ㅠ ㅒ ㅖ ㅘ ㅝ ㅙ ㅞ
重母音（くだり母音）	ㅢ

この 21 の母音字母は，一般につぎのような順序でならべられます。

大韓民国では：

ㅏ ㅐ ㅑ ㅒ ㅓ ㅔ ㅕ ㅖ ㅗ ㅘ ㅙ ㅚ ㅛ ㅜ ㅝ ㅞ ㅟ ㅠ ㅡ ㅢ ㅣ

朝鮮民主主義人民共和国では：

ㅏ ㅑ ㅓ ㅕ ㅗ ㅛ ㅜ ㅠ ㅡ ㅣ ㅐ ㅒ ㅔ ㅖ ㅚ ㅟ ㅢ ㅘ ㅝ ㅙ ㅞ

字びきなどでも，この順序でならべてありますから，おりおりにくりかえしくりかえしておぼえてしまってください。

第3回

子音（その1）

母音の説明がひととおりおわったので，こんどは子音にうつりましょう。子音とはなにかといえば，はきだす息が口の中のどこかにふれて，かすれてでてくる音，あるいは，口の中のどこかにその息がたまって，爆発するようにいっぺんにとびだしておこる音です。つまり，母音が楽音(がくおん)であるのにたいして，子音は噪音(そうおん)なのです。

子音は，はきだす息が口むろの中のどの部分でかすれでてくるかということで，あるいはどこにたまって，どこで爆発するかということで，いろんな音色にわかれてきます。つまり発音のしかたと場所とがちがえば,ちがった音ができあがるのです。たとえば，日本語の「さ」を発音しておいて，つぎに「は」と発音してごらんなさい。2つの音は，はきだす音が口むろの中のある部分で摩擦をおこしてできるのですが，どこで摩擦をおこしているかよくわかるでしょう。つぎに「し」と発音しておいて,つぎに「ひ」と発音してごらんなさい。「さ」と「し」,「は」と「ひ」はそれぞれ，摩擦はほとんど同じところでおこっているでしょう。では，韓国語にはどんな子音があるのかこれからみてみましょう。

ㅂ [p]

この音は，英語の [p] の音ににています。日本語のパ行音のプにちかい音です。くわしくいえば，pa，pi，pu，pe，po の p です。この子音のつくりかたは，両口びるをむすんで，口むろの中に空気をためておいて，むすんだ両口びるを急にはずすと音がでてきます。このときの音がㅂです。このばあい，日本語のバ行音のブのように，にごらせてはいけません。声帯をふるわせてはいけないのです。この子音をふくんでいる単語を１つおぼえましょう。바위 [pawi]（岩）。子音ㅂをむずかしく名づけると，両唇（りょうしん）の破裂音（はれつおん），破裂する両唇音といいます。

ㅍ $[p^h]$

この子音は，日本語にないといえばないのですが，パ行音のプを強くはきだすようにだせば，できます。まえに説明したㅂと同じように，この子音も両口びるをとじておいて，口むろに空気をため，急に両口びるをひらくとできるのですが，このばあいㅍの方が，風船玉が爆発するように，いきおいがいいのです。

ㅂとㅍのちがいをためそうと思えば，テーブルの上に綿のようなかるいものをおいて，プと発音してごらんなさい。かるく発音すれば，綿はとばないでしょう。つよく発音すればとんでいくでしょう。このちがいが，ㅂ [p] とㅍ $[p^h]$ とのちがいだとおもえばいいのです。この子音ㅍも両唇の破裂音ですが，まえにのべたㅂとは，ハ行音の h，つまり気音がともなっているという点でちがっています。つまり，ㅍ $[p^h]$ という音は，はく息がとびだしてくるのです。ですから，有気音といいます。この

ㅍに対して，ㅂの方は無気音といえるでしょう。この子音をつかった単語，파 [p^ha]（ねぎ）をおぼえましょう。

ㅃ [^{ʔ}p]

この子音も，日本語のパ行音のプにちかい音ですがちょっとちがいます。韓国語のㅃは子供が自動車あそびをしているとき，のどをしぼって，力まかせにプープープーというときのプにちかい音です。ナニワブシかたりのようにのどをしぼって，ㅂ [p] をだせば，ㅃ [^{ʔ}p] の音になります。つまり，両口びるがとざされているだけではなく，のどもとざされているのです。ㅂ [p] にたいしてㅃ [^{ʔ}p] は，かたい音といえ，ㅃ [^{ʔ}p] に対して，ㅂ [p] はよわい音といいえます。むずかしく名づけると，咽喉（いんこう）閉鎖音をともなう両唇破裂音といえるでしょう。このように，韓国語には，日本語のプに相応する子音にㅂ，ㅍ，ㅃの３種類があるということになります。日本語母語話者にとっては바 [pa]，파 [p^ha]，빠 [^{ʔ}pa] はひとしくパにきこえてくるのです。そういうと，日本語は，おそろしく単純な子音構造のことばのようにおもえるのですが，韓国語母語話者にとっては，日本語のパとバとは，ひとしく바とか파あるいは빠ときこえるのです。いいかえれば，日本語の清音と濁音（にごり音）のちがいは，韓国語母語話者にはききわけにくいのです。

ㄷ [t]

つぎに説明するㄷは，日本語のタ行音のタ [ta]，テ [te]，ト [to] の [t] です。英語の [t] ににていると思えばよいでしょう。まず歯ぐきのところに舌さきをくっつけておいて，そこに空気をた

め，急に舌さきをはずすと，たまっていた空気がながれでます。このときにできる音がㄷ [t]　です。この音を前舌破裂音といいます。ところで，日本語のタ行音のチ，ツを디，두のようには書きません。韓国語の디は, 英語の teacher の「ティ」であり，두は英語の tooth の「トゥ」であって，チ，ツではありません。むずかしくいえば，韓国語には，口蓋音化の現象が，ここではかけているのです。

これまでおぼえた発音と文字をつかって単語，바다（海）をおぼえておきましょう。この바다は [pata] と発音せずに [pada]［パダ］と発音してください。[pata]［パタ］とかいて, なぜ [pada]［パダ］と発音するかということは後で説明することにしましょう。

ㅌ [t^h]

この子音は，まえに説明したㄷの有気音です。つまりㄷを発音するときに，息をつよくはきだせば，ㅌ [t^h] という子音ができます。この説明で満足できないひとは，口のまえに紙を一枚たててㄷを発音してください。はきだす息の力で紙きれがゆらぐと有気音のㅌにあたり，紙がうごかなかったら，無気音のㄷになります。

ㄸ [ˀt]

この子音は，ㄷのつよい音です。つよい音というのは，まえに説明したように，一度，のどをしぼって急にひらくと，できます。ㄸはㄷと同じように，前舌破裂音です。つまり上の歯ぐきに舌さきをくっつけて，そこに空気をためて，そのつぎに舌さきを急にはずしてやると，できてくる音ですが，よわい音のㄷとはちがって，同時に咽喉の閉鎖をともなっています。ですから，この子音を咽喉閉鎖をともなう前舌破裂音となづけることができます。

ㄱ [k]

この子音は，日本語のカ行音の ka，ki，ku，ke，ko の [k] ににています。英語の発音記号の [k] です。この子音は舌のうしろの部分を上あごのうしろの部分，つまり，のどにちかいところにくっつけておいて空気をため，そして急に舌をはずすとできます。この音をむずかしくいうと後舌破裂音といいます。

ㅋ [kʰ]

この子音ㅋも，前に説明したㄱ [k] を発音する場合と口の状態は同じです。ただ，ㄱの発音をするときよりも，はきだす息がつよく，気音 [h] をともなっています。子音ㅌ [tʰ] を発音するときのように，紙きれでためしてごらんなさい。この子音のことを，有気音の後舌破裂音といいます。

ㄲ [ˀk]

この子音も，ㄱと同じような口のかっこうをすれば，発音できるのですが，ㅂとㅃ，ㄷとㄸとの関係と同じように，ㄲのばあいは，たんに軟口蓋と後舌（あとじた）で空気のながれをせきとめるだけでなく,のどをしめなければなりません。つまり，咽喉閉鎖をともなう子音なのです。カァ，カァとカラスのなきごえをつくるようなつもりで，のどをつまらせて，すこし息ぐるしそうにカ，キ，ク，ケ，コを発音してみてごらんなさい。だいたい近い音がでます。

さて，以上９つの子音を勉強しましたがこれらの子音はすべて破裂音と名づけることができます。なぜなら，流れでる息が口腔のなかのどこかの障害物で一度ストップして，その障害物がとりのぞかれると同時に爆発するように，息がとびだしてきてそれが音になるからです。

ながれでる息をせきとめる障害物がどこにあるか，障害物が口腔のどの部分でつくられるかということで，これらの破裂音は，つぎの３種にわけることができます。

両唇音	ㅂ [p]	ㅍ [pʰ]	ㅃ [ˀp]
前舌音	ㄷ [t]	ㅌ [tʰ]	ㄸ [ˀt]
後舌音	ㄱ [k]	ㅋ [kʰ]	ㄲ [ˀk]

これら子音はまた，気音 [h] がともなうか，ともなわないかという観点からつぎのように分類できます。有気音はしばしば激音とも呼ばれます。

	無気音	有気音
両唇音	ㅂ	ㅍ
前舌音	ㄷ	ㅌ
後舌音	ㄱ	ㅋ

さらに，これらの子音は，咽喉閉鎖（のどのつまり）がともなうか，ともなわないかという観点からつぎのように分類できます。咽喉閉鎖音はしばしば濃音とも呼ばれます。

	咽喉閉鎖をともなわない子音	咽喉閉鎖をともなわない子音	咽喉閉鎖音
両唇音	ㅂ	ㅍ	ㅃ
前舌音	ㄷ	ㅌ	ㄸ
後舌音	ㄱ	ㅋ	ㄲ

ふつう，韓国語の破裂音は，以上３つの表をひとまとめにして，つぎのような分類表におさめられています。このよわい音はしばしば平音とも呼ばれます。

	よわい音	つよい音	かたい音
両唇音	ㅂ	ㅍ	ㅃ
前舌音	ㄷ	ㅌ	ㄸ
後舌音	ㄱ	ㅋ	ㄲ

ところで，日本でそだったみなさんは，すぐに，では韓国語にはバ行音，ダ行音，ガ行音はないのか，というような疑問をおこすことでしょう。韓国語には子音の単位としては，いわゆる濁音はありません。

日本語では，清音のパ，タ，カ，と濁音のバ，ダ，ガ，とがあって，それらが対立しています。この清音とは無声音で，濁音は有声音のことであって，日本語では，ある子音が，無声であるか，有声であるかということは，単語の意味を区別するうえで重要な働きをもっているのです。たとえばカ（蚊）とガ（蛾）とのちがいは，子音が，有声であるか，無声であるかのちがいであって，そのちがいは，意味を区別するうえで大切な働きをしています。有声子音と無声子音とのちがいは，まえにも説明しましたように，子音を発音するときに，声帯がふるえるか，ふるえないかのちがいです。

では，韓国語の破裂子音に，有声音がないかといえば，そうとはいえません。というのは，ㅂ [p]，ㄷ [t]，ㄱ [k] が母音と母音とのあいだにはさまると，これらの子音は有声音になります。つまり，これらの子音は [b]，[d]，[g] のような濁音になります。たとえば，さきにあげた単語바다 [pada]（海）をみましょう。この単語を文字どおりに発音すれば，[pata] となるわけですが，それでは韓国語になりません。

바다という単語をくみたてている音の位置をよくみてみましょう。この単語は,〈ㅂ+ㅏ+ㄷ+ㅏ〉のようになっています。この単語の中のこの前後の音は母音でしょう。まえに説明したように,母音と母音とのあいだにはさまれると,ㅂ [p],ㄷ [t],ㄱ [k] は〈有声化〉を起こします。つまり濁音になるのです。だから,바다 [pada] となるわけです。韓国語では,[p] と [b],[t] と [d],[k] と [g] とのちがいは,単語の意味を区別するためにあるのではなく,ㅂ,ㄷ,ㄱがそれぞれどの位置にあらわれるかということによって,この子音が [p],[t],[k] になったり [b],[d],[g] になったりするのです。くりかえしていえば,韓国語の子音,ㅂ,ㄷ,ㄱは単語のはじめにでてくるときは,[p],[t],[k] と無声に発音され,母音と母音とのあいだにはさまれると,[b],[d],[g] と有声に発音されます。

これはちょうど日本語の連濁(れんだく)という現象に似ています。日本語では山と川のことを「ヤマカワ」といいますが,山にある川のことを「ヤマガワ」といって,母音のあいだにはさまる子音が有声化します。こういうことから韓国語では,[p] と [b],[t] と [d],[k] と [g] とは１つの音韻（音の単位）の変種であるといえます。日本語のバカ（馬鹿）という発音が韓国語の母語話者にはむずかしく,日本語になれない韓国語の母語話者が「パガ」と発音するのは,こうした理由によるものです。つまり,単語のはじめにあるㄷ,ㄱは無声音で,おなじ音韻が母音のあいだにくれば有声化するという現行の韓国語の音声法則にしたがって,日本語の「馬鹿」をここまで説明すれば,韓国語と日本語とでは子音の体系がまったくことなるものであることがおわかりになるでしょう。

日本語では「パン」のことを [paɴ,p^{h}aɴ,ˀpaɴ] と発音しても,「パン」という音のだし方にちょっとした調子のちがいがあると感じられこそすれ，ひとしく「パン」の意味にうけとれます。しかし，韓国語ではこのちがいが意味をくべつするうえで重要なはたらきをしているのです。これらの区別（ちがい）をしっかり身につけてください。

第4回

子音（その2）

ㅅ [s]

まえの第3回の講座でいわゆる破裂音の説明を全部おわりました。つぎに摩擦音をとりあげます。韓国語のㅅ [s] という子音は，日本語のサ行音の子音だと思えば，だいたいまちがいありません。つまり，日本語のサシスセソは，사시수세소とかけばよいわけです。くわしくいわなくても，この子音は，らくにつくれると思いますが，ちょっと説明すれば，つぎのようになります。舌のまえの部分の中央をくぼめて，空気のながれでる溝をつくってやり，その溝にはく息をながすと，息が摩擦をおこして，かすれたような音がでてきます。この音が子音ㅅなのです。そこで，この子音のことを前舌の摩擦音といいます。韓国語では，数の4のことを사 [sa] といいます。sa（サー）と長く発音してください。ㅂ [p]，ㄷ [t]，ㄱ [k] の子音は，まえに説明してあるように，母音のあいだにはさまると，ㅂ [p] は [b] に，ㄷ [t] は [d] に，ㄱ [k] は [g] のように有声化してにごって発音されるのですが，このㅅは，母音にはさまれても，有声化しません。韓国語ではひっ越しのことを이사 [isa] といいま

すが，これは [isa] と発音し，けっして [iza] と発音してはいけないのです。では，単語をいくつかおぼえておきましょう。

사과 [sakwa] → [sagwa]（リンゴ), 수도 [suto] → [sudo]（首都),このㅅ [s] は [i] と [wi] の前では [ʃ] となります。시 [ʃi] は日本語の〈シ〉と同じです。

시 [ʃi]（詩），**소** [so]（牛）

ㅆ [ˀs]

ㅆはㅅのつよい音です。ですから，のどをつよくしめつけてㅅをだせば，ㅆ [ˀs] になります。この音をむずかしく名づけると咽喉（いんこう）の緊張をともなう前舌摩擦音です。

まえに説明してあるように，破裂音はよわい音とつよい音のほかに，有気音がありました。たとえば，ㄷ [t] にはㅌ [tʰ] があります。つまり, 3つの子音がひとくみになっていたのです。ですから，ㅅにはその有気音があるはずだという質問がでそうですが，ㅅには有気音はありません。それはなぜかといえば，ㅅそれ自身が気音だからです。単語をおぼえましょう。

씨 [ˀʃi]（種），**쓰레기** [ˀsuregi]（ごみ）

ㅎ [h]

摩擦音には，もう1つㅎ [h] があります。この子音は，日本語のハ行音のなかにある音 [h] にちかい音です。ですから하히

후헤호とかけば，日本語のハヒフヘホをハングルでうつしたことになります。この子音は咽頭（あるいは軟口蓋）でおこる摩擦音ですが，摩擦をおこす場所は，うしろにつづく母音の位置に左右されて，まえよりになったり，うしろよりになったりします。하（ハ）と히（ヒ）とを発音して，摩擦のおこる場所のちがいを観察してごらんなさい。この子音のことを咽頭摩擦音といいますが，べつに気音ともいいます。ㅍ [p^h]，ㅌ [t^h]，ㅋ [k^h] のことを有気音と名づけうるのは，これらの子音がたんなるㅂ [p]，ㄷ [t]，ㄱ [k] ではなく，気音のㅎ [h] をともなっているからです。ㅎ [h] には，それに相応する有気音も，つよい音もありませんが，その理由は，この子音自身が咽頭音であり，気音であるからです。以上の説明から韓国語の摩擦音はㅅ [s]，ㅆ [$^?$s]，ㅎ [h] の3つがあるということになります。単語をいくつかおぼえましょう。

허수아비 [hɔsuapi] → [hɔsuabi]（かかし），
허가 [hɔka] → [hɔga]（許可）

ㅈ [tʃ]

この子音はお茶や千鳥というときの［チ］で，みなさんにとって，むずかしい発音ではありません。発音記号では [tʃ] でしめせます。

この子音はふつう破擦音といわれていますが，そのわけは破裂音と摩擦音とがまざっているからです。

はじめに，うわはぐきの部分にまえよりの中舌をくっつけて，閉鎖をつくり，そこに空気をためて，破裂させるのですが，こ

の破裂のあとに，［シ］のような摩擦音がともないます。農家でまきなどを運ぶときにつかうしょい子のことを，韓国語では지개 [tʃigɛ] といいます。

語頭のときはㅈ [tʃ] は［チ］と発音されるのですが，아버지 [abɔdʒi] のときのようにㅈ [tʃ] が母音と母音の間にあれば，有声化して，ジュ [dʒ] のように発音されます。地主のことを지주 [tʃitʃu] とかきますが，これも [tʃidʒu]（チジュ）のように発音してください。

韓国語では，母音にはさまれて，有声化するのは，ㅂ [p]，ㄷ [t]，ㄱ [k]，ㅈ [tʃ] の4つだけです。このことはよくおぼえておいてください。単語をおぼえましょう。

자 [tʃa]（定規），**자유** [tʃaju]（自由），
과자 [kwadʒa]（菓子），**소주** [sodʒu]（焼酎）

ㅊ [tʃʰ]

ㅊ [tʃʰ] はㅈの有気音です。ㅈを発音するとき息をつよくはきだせば，このㅈはㅊ [tʃʰ] になります。車のことを韓国語では [tʃʰa] といいます。同じ文字で茶という意味をもつ単語もあります。

ㅉ [ˀtʃ]

ㅉはㅈのつよい音です。つまりのどをしめつけて，ㅈを発音すると，ㅉ [ˀtʃ] になります。この関係はㅂとㅃ，ㄷとㄸ，ㅅとㅆとの関係とおなじです。日本語の〈しおからい〉を짜다 [ˀtʃada]

といいます。짜다は，同じつづりで〈しぼる〉〈くみたてる〉という意味の動詞もあります。

この破擦音には破裂音とおなじように，よわい音，有気音，つよい音があります。

さて以上で 15 の子音をおぼえました。この子音のことをひとまとめにして，無声子音と名づけておきます。そういうふうにまとめておくことが韓国語には必要なのです。

ㅁ [m]

この子音は，日本語のマ行音の [m] ですから，わけなく発音できます。両くちびるの破裂がともなっていますが，息が鼻にながれこみ，そこで共鳴をおこしています。この子音は先にならったㅂ音を鼻音化したものといえるでしょう。つまり，ㅂを発音するようなかっこうをして，息を鼻にながしこみます。単語をおぼえましょう。

마차 [matʃʰa] 馬車，**치마** [tʃʰima] スカート

ㄴ [n]

この子音は，日本語のナ行音の [n] です。この子音も鼻音ですが, ㅁ [m] とのちがいは, ㅁ [m] が〈鼻にかかった両唇（りょうしん）破裂音〉であるのにたいして，ㄴ [n] の方は〈鼻にかかった前舌破裂音〉なのです。ㄴにはㄷを発音するような動作がともなっています。

この子音はㄷ音（あるいはㄹ [r] 音）を鼻音にしたものだといえるでしょう。単語をおぼえましょう。

나비 [napi] → [nabi] 蝶，비누 [pinu] 石鹼

ㅇ [ŋ]

この子音は，日本語のンだと思えば，かんたんなのですが，まえのㄴ [n] もンだといえば，ンなのですから，やっかいなのです。事実，日本語母語話者にはこの２つの〈ン〉のちがいをききわけることができません。ところが，韓国語では，２つは，はっきりちがった音韻なのです。たとえば，반 [pan] と 방 [paŋ] とでは意味のちがった２つの単語なのです。반 [pan] は〈半分〉，방 [paŋ] は〈へや〉を意味しています。

では発音のうえではどうちがうかといえば，ㄴ [n] が〈鼻にかかった前舌破裂音〉であるのにたいして，ㅇ [ŋ] は〈鼻にかかった後舌破裂音〉なのです。つまりㅇはㄱを発音するときの動作がともなっています。てっとりばやくいえば，この子音はㄱ音を鼻音にしたものなのです。英語を知っておられる方なら，song（歌）の [ŋ] といえばすぐわかるでしょう。

もっともわかりやすい例をあげましょう。日本語の縁(エン）という単語をつかって，〈エンガワ〉と〈エンの下〉という２つの合成語をつくって，ゆっくり発音してみてください。〈エンガワ〉[eŋŋawa] のときのエン [eŋ] はㅇ [ŋ] ですが，エンの下 [ennoʃita] のときのエン [en] はㄴ [n] になります。〈エンの下〉の［エン］は舌さきがうわはぐきにくっついているでしょう。

日本語の動詞〈読んだ〉，〈飛んだ〉，〈生んだ〉のなかにある〈ン〉はすべて韓国語のㄴ [n] ですが，〈パンが〉，〈判が〉，〈缶が〉のなかにある〈ン〉はすべて韓国語のㅇ [ŋ] にあたります。こういった現象は，あとにつづく子音に〈ン〉が同化されるこ

とからおこったものです。

こうしてみると，日本語には，ㄴという子音もㅇという子音もあるにはあるけれども，それを１つの音韻〈ン〉としてあつかっていることになります。

韓国語のㅂが位置によって，p になったり，b になったりするのとおなじように，日本語の〈ン〉は位置によって ŋ になったり n になったりするのです。

ㄹ [r]

子音ㄹは日本語のラ行音の [r] ですからみなさんにはむずかしくありません。この子音は，歯ぐきの上の方に舌さきをたたきつけるようにくっつけて，はずすとできてくる音です。破裂音ㄷにちかい音ですがㄷのようにしっかりした閉鎖と破裂とがありません。単語の例をあげてみましょう。도라지 [toradʒi] これは朝鮮民謡にあるトラジ（ききょう。花の名）のことです。韓国語では，このㄹ音は，単語のはじめ，つまり語頭にくることはありません。ですから，ラジオという外来語を発音する場合，라지오にならないで，昔は나지오 [nadʒio] となったのでした。今は [radio] と発音しています。

外国語からの借用語では語頭の r は n にとりかえられます。日本にすんでいる韓国語母語話者がリンゴのことをニンゴと発音していたのはこうした韓国語の音声上のきまりにしたがっているわけなのです。また漢語のばあいは，語頭の r 音をおとして，たとえば，李〈リ〉さんというとき，韓国語風には r 音をおとして〈イさん〉とよびます。くわしく説明すれば，母音 [i] と重母音〈ㅑ ㅕ ㅛ ㅠ ㅖ〉の前ではゼロ化，つまりㄹ音は発音されないのです。そしてその母音以外の母音の前ではそれぞれ

ㄹ音はㄴ音にして発音されるのです。漢語でも語頭では同様です。たとえば〈理論〉(리론)はハングルでは이론とかいて, [iron]とよんでいます。

以上の子音ㅁ，ㄴ，ㅇ，ㄹの4つは，まえにあげた無声子音に対立させて，かりに有声子音と名づけておきます。これらの子音の特徴は, いかなるばあいでも有声であるということです。まえに母音にはさまると，ㅂ，ㄷ，ㄱ，ㅈは有声化するといいましたが，この有声子音のあとにくるㅂ，ㄷ，ㄱ，ㅈも有声化するのです。たとえば，감자は，[kamtʃa] カムチャと発音しないで [kamdʒa] カムジャと発音するのです。もっと一般的にいえば，有声音と有声音とのあいだにㅂ，ㄷ，ㄱ，ㅈがくるときには，かならず有声化するということになります。韓国語では有声音は母音と有声子音からなりたっています。

子音はこれですべてです。次のページの表で全体像を確認してみましょう。

■子音分類一覧表

<table>
<tr><th></th><th></th><th>両唇音</th><th>前舌音</th><th>中舌音</th><th>後舌音</th><th>咽喉音</th></tr>
<tr><td rowspan="3">無声子音</td><td>破裂音</td><td>ㅂ [p]
ㅍ [pʰ]
ㅃ [ˀp]</td><td>ㄷ [t]
ㅌ [tʰ]
ㄸ [ˀt]</td><td></td><td>ㄱ [k]
ㅋ [kʰ]
ㄲ [ˀk]</td><td></td></tr>
<tr><td>破擦音</td><td></td><td></td><td>ㅈ [tʃ]
ㅊ [tʃʰ]
ㅉ [ˀtʃ]</td><td></td><td></td></tr>
<tr><td>摩擦音</td><td></td><td>ㅅ [s, ʃ]
ㅆ [ˀs, ˀʃ]</td><td></td><td></td><td>ㅎ [h]</td></tr>
<tr><td rowspan="2">有声子音</td><td>破裂音</td><td>ㅁ [m]</td><td>ㄴ [n]</td><td></td><td>ㅇ [ŋ]</td><td></td></tr>
<tr><td>はじき音</td><td></td><td>ㄹ [r]</td><td></td><td></td><td></td></tr>
</table>

第5回

終声と終声字母（받침）

韓国語の音節の構造にはつぎのような種類があります。

A）母音	이 [i]（歯）
B）子音＋母音	코 [k^ho]（鼻）
C）母音＋子音	옷 [o^t]（服）
D）子音＋母音＋子音	밥 [pa^p]（ごはん）

日本語の音節には母音だけのものと子音＋母音のものとのふた種類がほとんどです。「きっと」の「きっ」や「きん」のように，つまる音やはねる音にだけ子音＋母音＋子音という音節があらわれます。ところが，韓国語には子音でおわる音節がいくつもあって，韓国語の音節構造は，はるかに複雑なものになっているのです。日本語のカ行，ka, ki, ku, ke, ko を発音するとき，a，i，u，e，o と母音でおわります。このように母音でおわる音節のことを開音節といい，tap，top のように子音でおわる音節のことを閉音節といいます。したがって，日本語は開音節の言語だといえます。しかし，韓国語は閉音節もあって，にぎやかです。にぎやかだけではなく，日本語の発音になれているみなさんには，この閉音節の発音がやっかいなものです。なぜ

やっかいかというと，音節のおしまいにくる子音は終声といって，音節のはじめにくる子音＝初声とは発音のしかたが少しちがっているからです。

まえに説明してあるように，破裂音のつくりかたは，最初に口むろのなかのある部分に閉鎖をこしらえ，空気のながれをストップさせます。そして，そのあとで閉鎖を急激にとりのぞくと，空気がどっと流れでて，雑音がつくられます。このような子音を破裂音とよぶのです。これを図でしめすとつぎのように3段階にわかれます。

■破裂音の空気の流れ

→

せきとめ
（第２段階）

空気の流れ
（第１段階）

空気の流れ
（第３段階）

空気の流れが障害物によってせきとめられると，そこでかるい音ができます。これを内破音（ないはおん）といいます。そして障害物がとりのぞかれると大きな音ができます。これを外破音（がいはおん）といいます。ふつう破裂音は内破音と外破音とからできていますが，韓国語では音節のおわりにくる破裂音は内破音だけで，外破音がありません。空気がせきとめられるだけです。音節のおしまいにくる破裂音は内破音だけなのです。こうして，音節のおしまいの破裂音は内破音と外破音とからなりたつ語頭や語中の破裂音とはちがって，終声（しゅうせい）とよばれ，区別されるのです。終声には，第３の段階（外破の段階）が欠けています。

では閉音節，つまり終声をもつ単語の例を見ながら練習しま

しょう。終声を表わす字母を받침(パッチム)ともよびます。

(1) ㅂ [p]→[^{p}]

この子音は 29 ページで説明したように両唇の破裂音です。この子音が終声になる単語の例をあげてみましょう。

입 [i^p]（口），**밥** [pa^p]（ごはん）

さきの図で説明したように，終声になる子音はそとにでていく空気のながれ（第 3 段階）が欠けています。ですから，おしまいの子音ㅂ [^{p}] をだすときには，単語のはじめにあるㅂ [p]，母音と母音とのあいだにあるㅂ [b] をだすときのように，くちびるをはなしてはいけません。初声のときの外破音の発音記号は [p] のように大きく書きますが，第 3 の段階（外破の段階）が欠けているこうした内破音の発音記号は [^{p}] のように，肩に小さく書いておきます。

日本語なら一杯（イッパイ）[ip-pai] というときの ip，つまり pai をとりのぞいたときの ip の p とほとんど同じです。

(2) ㅍ [p^h]→[^{p}]

この子音も初声ではㅂ [p] 音と同じ両唇破裂音です。ただし，ㅍ [p^h] 音が有気音であることにたいして，ㅂ [p] は無気音であるというちがいがあります。しかし，先に説明したように，終声になる子音はすべて内破音ですから，有気，無気のちがいは問題になりません。したがって，終声になるときのㅂとㅍとはまったくおなじく発音すればいいわけです（では，なぜそれを同じ文字でかかないで区別するかということは，あとで説明しましょう）。

単語の例をあげましょう。

잎 [ipʰ] → [iᵖ]（葉）
짚 [tʃipʰ] → [tʃiᵖ]（わら）

＊ㅃ [ˀp] この字母が받침（パッチム）になることはありません。

(3) ㄷ [t] → [ᵗ]

この子音は，30－31 ページで説明してあるように，前舌破裂音です。この音が終声にくるときには，要領は前舌を終声のㅂを発音するときのように，歯ぐきのうしろにくっつけたまま，はずさなければいいのです。そうすると，空気の流れがとまってしまって，かるい音がでるでしょう。やはり第 3 段階がかけています。ただ音のつくられる場所がちがうだけです。ㄷが終声になっている単語をおぼえましょう。

곧 [koᵗ]（すぐ）

骨董品 [kot-toː-hiɴ] の kot，つまり toː-hiɴ をとりのぞいた発音とほとんど同じです。

韓国語の終声は〈行った〉〈買った〉のような発音にあらわれてくる日本語の促音（つまる音）にきわめてちかいといえるでしょう。

(4) ㅌ [t^h] → [^{t}]

この子音も前舌破裂音です。この子音が終声にくると，終声のㄷと同じ発音になります。空気をはきだすときにできる音，つまり外破音が欠けていると，気音化の現象がおこりえないのですから，終声のㄷとㅌが同じ音になるのは，きわめて自然なことです。それでも，終声のㄷとㅌとは書きわけなければならないのです。なぜそうしなければならないかということはあとで説明しましょう。ここでは例にあげる単語で練習してください。

밭 [pat^h] → [pa^t]（畑）
팥 [p^hat^h] → [p^ha^t]（あずき）

＊ㄸ [$^?t$] この字母が받침になることはありません。

(5) ㄱ [k] → [^{k}]

この子音は，舌のうしろの部分を軟口蓋（口蓋の奥の方）にくっつけて空気のながれをいったんせきとめ，そのせきとめをすばやくとりのけるとできてくる音ですが，終声になる場合はせきとめだけでいいわけなのです。ですから，終声のㅂやㄷと同じように，空気が外に流れでるときにできる外破音が欠けています。日本語の学校 [gak-koː] を発音するとき，gak［ガッ］だけでやめてしまうとㄱの終声がでます。「あの人はがく〈学〉がある」というときの〈学〉ではありませんから気をつけてください。

박 [pa^k]（姓の朴），**막** [ma^k]（幕）

（6） ㅋ [k^h] → [^{k}]

この子音はㄱの有気音ですから，받침に書かれる場合はㄱの発音と同じようになります。

부엌 [$puɔ^k$]（かまど）

（7） ㄲ [^ʔk] → [^{k}]

この子音は初声ではㄱのつよい音です。ㅃ，ㄸ，ㅉは終声にならないのですが，このㄲは終声になります。しかしこのㄲも終声にくると，ㅋがㄱと同じ発音になるのと同じ理くつで，この音もㄱと同じ発音になります。

깎다 [$^ʔka^{kʔ}ta$]（けずる）
엮다 [$jɔ^{kʔ}ta$]（編む，組む）

（8） ㅁ [m]，ㄴ [n]

さて，以上の外に韓国語の破裂音には，ㅁ，ㄴがあります。この鼻音化した破裂音も音節のおしまいにくると終声になって，外破音がなくなります。ですから，発音のしかたは，終声のㅁは終声のㅂと同じだし，ㄴはㄷの場合と同じですが，ただし空気が鼻むろにながれこむという点でちがっています。ハンマ [ham-ma] を発音するときの最初の m の発音にちかいのです。

밤 [pam]（夜），**잠** [tʃam]（ねむり）
반 [pan]（班），**만** [man]（万）

終声のㄴ [n] は万年筆 [man-neɴ-hitsu] の（万）man の n です。1万2万というときの（万）maɴ の ɴ ではありません。

（9）　**ㅅ** [s] → [ᵗ]，**ㅆ** [ˀs] → [ᵗ]
ㅈ [tʃ] → [ᵗ]，**ㅊ** [tʃʰ] → [ᵗ]

さて，理くつどおりにゆくと，内破音は破裂音にだけおこりうる現象ですが，気音ㅅ，ㅆ，破裂音ㅈ，ㅊが音節のおしまいにくる場合でも終声の現象がおこります。しかし，この場合は，すべてこの終声と同じように発音されます。厳密にいえば，音節のおしまいにくるㅅ，ㅆ，ㅈ，ㅊはすべて内破音のㄷ [ᵗ] に移行するわけです。

낫 [naᵗ]（鎌），**있다** [iᵗˀta]（ある），**젖** [tʃɔᵗ]（乳），
낮 [naᵗ]（顔）

（10）　**ㅎ** [h]

この子音は語頭あるいは音節のはじめにあるときだけ発音され，終声にはなりません。ですが，綴字法（文字の表記のしか

た）のうえでは終声字母になっています。これについてはあとで説明します（ただ１つの例としてㅎという文字のなまえである히읗という単語があり，このときのㅎは終声ㄷとおなじように히읗は [hiɯᵗ] と発音されます)。

(11)　ㄹ [r] → [l]

理くつどおりにおすと，この子音も破裂音ではありませんから，内破音だけの終声のㄹはつくることはできないのです。ところが，この子音にも終声があるのです。前に説明したように，韓国語のㄹの音のつくりかたは，前舌をはぐきの上の方にたたきつけなければならないのですが，音節のおしまいにくるときは，この前舌をはぐきの上の方にくっつけたまま，はずしません。要領は終声のㅂ，ㅍ，ㄷとまったくおなじです。ですから終声のㄹ [l] の場合は，空気のながれがせきとめられないで，舌の両横のすきまから流れでます。このときにできる音が終声のㄹ音なのです。説明ではなかなかわかりにくいと思います。あっさり英語のｌ音だといえばよくおわかりでしょう。

발 [pal]（足），**말** [mal]（馬）

(12)　ㅇ [ŋ]

この子音は終声にのみつかわれる音です。そのことについては 43 – 44 ページで説明したので，特別にとりたてて説明する必要はないでしょう。

終声が単語のなかにある場合

〈熊がきた〉ということを韓国語では곰이 왔다（コミ ワッタ）といいます。日本語の主格助詞〈が〉のことを韓国語では이 [i] という格助詞であらわし〈熊が〉を곰이とかきます。２つのまとまりにかきわけられていますから，[kom-i] コム－イと発音すればいいのではないかと思うでしょうが，そうしてはいけません。고미 [ko-mi] と発音しなければならないのです。そうすると，こういうことがわかります。主格をつくる格助詞〈이〉がついていないとき，つまりはだかのときは [kom] の [m] は終声ですが，이がつくと，終声でなくなります。

また２字つまり２音節でできている漢語のばあいには，こんな現象がたくさんあります。たとえば，韓国語では〈学〉という字は〈학〉とよみ，〈友〉という字は〈우〉とよみます。２字をあわせて学友〈학우〉というとき，학と우とをきりはなして [ha^{k}-u] とはよみません。[ha-gu] とよまなければならないのです。학のㄱは１字のばあいでは終声であっても，あとに母音ではじまる字がつづくと終声ではなくなるのです。

まえに説明してあるように，音節のおしまいにくる音が終声になるわけですから，２音節の単語のばあいでも，まえにあげた子音が音節のおしまいにくると終声になるわけです。

たとえば，사람 [sa-ram]（人）の第２音節のおしまいの [m] は終声です。학교 [ha^{k}-$^{?}$kjo]（学校）の第１音節のㄱは終声になって，内破音の [^{k}] に発音されます。とめるという意味の動詞，막다 [ma^{k}-$^{?}$ta] の第１音節の [^{k}] も終声です。しかし動詞のような，変化する単語では，この막 [ma^{k}] のㄱ [^{k}] が終声になったり，終声であることをやめたりします。たとえば，[ma^{k}-$^{?}$ta] を

過去形にすると막았다となるのですが，このときは [ma-ga^{t}-^{ʔ}ta] となって，音節の構造に変化がおこり막 [ma^{k}] のㄱ [^{k}] は終声であることをやめます。[mak-at-ta] とよんではなりません。この単語の中の子音 [k] は막다 [ma^{k}-^{ʔ}ta] のときには第 1 音節のおしまいにあるのですが，막았다 [ma-ga^{t}-^{ʔ}ta] になると第 2 音節のはじめにある音になります。終声ではありません。ですから，漢字の 2 字がくみあわさるばあい，助詞がつくばあい，動詞が変化するばあいなどのとき，終声はどのようにかわるか，この終声がそれにつづく子音にどんな影響をあたえるか，こういうことを知っておかなければ，韓国語を正しく発音することができないのです。

では，文をよみながら発音の練習をしましょう。

저기 우리나라가 보인다.

[tʃɔgi urinaraga poinda]

（あそこに 我が国が 見える）

백두산은 우리나라에서 가장 높은 산이다.

[pɛ^{kʔ}tusanɯn urinaraesɔ kadʒaŋ nop^{h}ɯn sanida]

（白頭山は 我が国で もっとも 高い 山だ）

第6回

動詞の活用（その1）

7つの終声といろいろな終声字母

まえの講座で説明してあるように，終声，つまり音節のおしまいにくる無声子音ㅂ，ㄷ，ㄱの3種類は内破音になります。音節のおしまいに書かれる無声子音の字母が，どういう内破音で発音されるか，この観点から無声子音の字母を分類すると，つぎのような表ができます。なおㅃ，ㄸ，ㅉ，ㅎの4つの子音が音節のおしまいに来ることはありません。音としてのㅎが終声に来ることはありませんが，終声字母として書かれることはあります。終声字母のㅎについては第5回もご参照ください。

発音	書かれる無声子音の字母
ㅂ [p]	ㅂ ㅍ
ㄷ [t]	ㄷ ㅌ ㅈ ㅊ ㅅ ㅆ
ㄱ [k]	ㄱ ㅋ ㄲ

ㅂとㅍとは，内破音のㅂになり，ㄷ，ㅌ，ㅈ，ㅊ，ㅅ，ㅆは，

すべて内破音のㄷになるのですから，おなじ内破音をこんなにかきわける必要はないのではないかという疑問がおこります。たとえば，밭 [paᵗ] のㅌも，낫 [naᵗ] のㅅも，ともに内破音のㄷ [ᵗ] ですから，밭，낫とかかないで，発音どおりに받，낟とかけばよいのではないかという疑問がおこるわけです。ですが，[paᵗ] という発音を밭，[naᵗ] という発音を낫とかくのはそれだけの理由があります。この理由を動詞の活用とむすびつけて説明しましょう。

動詞の活用

動詞といえば，ああ，それは動作をあらわしている単語のことだな，とかんがえるでしょう。そして，文章のいちばんおしまいにくる単語，つまり述語になる単語だと考えるでしょう。でも，動詞はかならずしも動作だけをあらわしているわけではないし，述語になるというはたらきだけをもっているわけでもありません。けれども，いまはそういうものだと考えておいてください。

動詞は，文のおしまいにくるとき，いろいろと形をかえます。たとえば日本語で，命令文をつくるときは，〈はなす，きく，かく，よむ〉という動詞を〈はなせ，きけ，かけ，よめ〉というぐあいに形をかえて，文のなかにいれるでしょう。ふつう，わたしたちは，このことを動詞の活用（あるいは変化）といっています。動詞が文のおしまいにくるとき，それは文をなりたたせるために（文に完結性をあたえるために，つまりひとまとまりの考えをいいあらわすために）活用するのですから，その活用はいろんな観点からおこなわれ，複雑な体系をつくっています。たとえば，韓国語の動詞はムード（きもち）という観点から直説法（のべたてる形），命令法（いいつける形），勧誘法（さそいかける形），疑問法（といかける形）などに形をかえますし，時間という観点からは，現在形，過去形，未来形などに形をかえます。ていねいさという観点から，韓国語の動詞がやっかいな活用をするということは，みなさんも話にきくでしょう。

むずかしく規定するなら，動詞の活用によって，はなすことがらと現実との関係，はなし手ときき手との関係がはなし手のたちばからとりむすばれているのです。でも，そういうふうに，むずかしく考えなくても結構です。韓国語の動詞の活用の体系については，あとから説明することにして，まず活用の１つ１つをとりあげることにします。この講座では，韓国語の動詞は時間のたちばから，どんなふうに活用するか，説明します。

韓国語の字びきをひきますと，動詞の見だしは，가다, 오다, 자다, 걷다, 갚다, 잡다のように - 다でおわる形をあげています。

この形は，つぎのように２つの部分からなりたっています。

가−다（行く） [ka-da]	걷−다（あるく） [kɔ^{t}-^{ʔ}ta]
오−다（来る） [o-da]	갚−다（払う） [ka^{p}-^{ʔ}ta]
자−다（ねむる） [tʃa-da]	잡−다（つかむ） [tʃa^{p}-^{ʔ}ta]

まえの部分を語幹といい，あとの部分を語尾（韓国語では토[t^{h}o] といいます）。語幹に - 다という語尾がくっついているこのような形は，韓国語文法では原形あるいは辞書形となづけています。いまのところ，原形というのは，（字びきにでてくるもとの形）というふうに理解しておいてください。この原形は文のおしまいにくるとき，あらわす時間にしたがって，つぎの

ように活用します。

■動詞 보다（見る）の活用

現 在 形	본다	[pon-da]
過 去 形	보았다	[po-at-ʔta]
先過去形	보았었다	[po-a-ʔsɔt-ʔta]
未 来 形	보겠다	[po-get-ʔta]

この活用表をみると，時間をしめすために語幹と語尾とのあいだに - ㄴ -，- 았 -，- 았었 -，- 겠 - のような小道具がさしこまれていることに気がつくでしょう。この小道具のことを，ここでは接尾辞と名づけておきます。

韓国語の動詞では，語幹と語尾とのあいだに，時間の接尾辞をさしこむことによって，動詞の時間の形ができあがるわけです。

さて，動詞の時間というのは，はなしているときと動作との関係をしめしているのですが，では現在形とか，過去形とか，未来形などは，どういう時間的な関係をしめしているか，すこしくわしく説明します。

現在形

まず第1に現在形は，はなしの瞬間におこなわれている動作（あるいは状態）をしめしています。つまり進行中の動作をしめすばあいは，現在形がつかわれるわけです。

나는 이렇게 생각한다.
[nanɯn-irɔkʰe-sɛŋgakʰanda]
（私は こう 思う）
어머니는 지금 아들을 생각한다.
[ɔmɔninɯn-tʃigɯm-adɯrɯl-sɛŋgakʰanda]
（母は いま 息子（のこと）を 思う）

第2に，現在形は習慣的な動作，継続的な動作，くりかえしておこなわれる動作をしめします。

물방아가 힘차게 돈다.
[mulbaŋaga-himtʃʰage-tonda]
（水車が 力強く まわる）
이 애는 어머니 말을 잘 듣는다.
[i-ɛnɯn-ɔmɔni-marɯl-tʃal-tɯnɯnda]
（この 子は 母さんの ことば（言うこと）を よく きく）

第3に，はなすときからみて，未来におこる動作をしめすことができます。

내일 유람선이 떠난다 .

[nɛil-juramsɔni-ˀtɔnanda]

（あす 遊覧船が 出る）

조국은 우리가 반드시 통일한다 .

[tʃogugɯn-uriga-pandɯʃi-tʰoŋir(h)anda]

（祖国は 私たちが かならず 統一 する）

この現在形はだいたい日本語動詞の〈はなす，かく，よむ，あるく，はしる，とぶ〉のような形とおなじようにあつかわれます。

日本語では，〈飛行機はあすの 3 時にとぶ〉というばあい，この〈とぶ〉という形は未来のことがらをしめしているでしょう。韓国語でも〈비행기는 내일 세 (3) 시에 떠난다〉といい現在形をつかいます。また〈鳥は空をとぶ〉というような文では，〈とぶ〉は習慣的な動作をしめしています。韓国語では，このようなばあい，〈새는 하늘을 난다〉といって現在形がつかわれます。

つぎに，現在形のつくりかたを説明しましょう。現在形をつくる接尾辞にはㄴと는があります。ㄴは語幹のおしまいが母音であるばあいにつかわれ，는は語幹のおしまいが子音であるばあいにつかわれます。

語幹が子音でおわるばあい，そのあとに는がつくと語幹のおしまいの子音，したがって終声がその発音位置に応じて，それぞれ音が変化します。終声のㅂ，ㅍはㅁに，ㄷはㄴに，ㄱはㅇという鼻音にかわっています。

■語幹が母音でおわる動詞

原形	現在形
오다 [oda]（くる）	온다 [onda]
가다 [kada]（行く）	간다 [kanda]
보다 [poda]（みる）	본다 [ponda]
쓰다 [^{ʔ}sɯda]（書く）	쓴다 [^{ʔ}sɯnda]
주다 [tʃuda]（与える，くれる）	준다 [tʃunda]

■語幹が子音でおわる動詞

原形	現在形
갚다 [ka^{pʔʔ}ta]（払う）	갚는다 [kamnɯnda]
먹다 [mɔ^{kʔ}ta]（たべる）	먹는다 [mɔŋnɯnda]
걷다 [kɔ^{tʔ}ta]（あるく）	걷는다 [kɔnnɯnda]
입다 [i^{pʔ}ta]（着る）	입는다 [imnɯnda]

鼻音とは，肺から出てきた空気が，口ではなく鼻に抜ける音をいいます。韓国語ではㅁ [m]，ㄴ [n]，ㅇ [ŋ] が鼻音です。

つまり，韓国語では終声のㅂ，ㄷ，ㄱのあとにㄴがつづくと，終声ㅂ [^{p}] はそれと同じ位置で発音する鼻音の終声，ㅁ [m] に変化するといったぐあいです。発音する位置はかえないままで，鼻に空気を抜き，鼻音化してしまうのです。

語幹が終声字母（받침）ㄲでおわるばあいは，語幹が終声字母（받침）ㄱでおわるばあいとおなじく，あつかえばいいでしょう。なぜなら，받침のㄲは받침のㄱと発音がまったくおなじだからです。鼻音への変化のしかたもまったく同じです。たとえば，낚다 [na^{k}-^{ʔ}ta]，낚는다 [naŋ-nɯn-da] となります。

ㅅ，ㅆ，ㅈ，ㅊが終声字母（받침）の位置にくれば，発音はㄷの内破音になるのですから，それら終声字母（받침）ㅅ，ㅆ，

ㅈ，ㅊのあとにㄴがつづくと，このばあいも発音はㄴになります。

잇다 [iᵗ-ˀta]（つなぐ）	잇는다 [in-nɯn-da]
맞다 [maᵗ-ˀta]（合う）	맞는다 [man-nɯn-da]
쫒다 [ˀtʃoᵗ-ˀta]（追う）	쫒는다 [ˀtʃon-nɯn-da]

このように音が変化する現象を子音同化といいます。ほかにも，いろんなかたの子音同化の現象がありますが，それについては，あとで説明します。

語幹がㄹでおわっている動詞は，現在形をつくるばあい，このㄹをおとして，語尾 - ㄴ다をつけます。

갈다 [kal-da]	간다 [kan-da]（たがやす）
알다 [al-da]	안다 [an-da]（知る）
밀다 [mil-da]	민다 [min-da]（押す）

ところで，前にあげた単語の例に，쫒다を [ˀtʃoᵗ-ta] とかいて [ˀtʃoᵗ-ˀta] と発音することにおきづきでしょう。つまり２音節目が [ta] から [ˀta] にかわっています。無声子音である終声のあとに，無声子音がつづくと，終声はまえどおり，終声であることにはかわりないのですが，あとにつづく無声子音がよわい音からつよい音にかわります。つまり，終声につづくよわい無声子音ㅂ，ㄷ，ㄱ，ㅅ，ㅈはそれに対応するつよい無声子音ㅃ，ㄸ，ㄲ，ㅆ，ㅉにかわるわけです。

■例

입다 [i^{p}-ta] → [i^{p}-$^{?}$ta]（着る）
막다 [ma^{k}-ta] → [ma^{k}-$^{?}$ta]（ふさぐ）
잇다 [i^{t}-ta] → [i^{t}-$^{?}$ta]（つなぐ）
낮다 [na^{t}-ta] → [na^{t}-$^{?}$ta]（ひくい）
닫다 [ta^{t}-ta] → [ta^{t}-$^{?}$ta]（しめる）

では，つぎの文で動詞の現在形のつかいかたや発音を練習しましょう。

농민들은 논에서 일을 한다 .
[noŋminduɯruɯn-nonesɔ-iruɯl-handa]
（農民達は たんぼで 仕事を する）
노동자들은 공장에서 일을 한다 .
[nodoŋdʒaduɯruɯn-koŋdʒaŋesɔ-iruɯl-handa]
（労働者達は 工場で 仕事を する）
나는 한국어를 배운다 .
[nanuɯn-hangugɔruɯl-pɛunda]
（私は 韓国語を まなぶ）
아버지와 형님은 공장에 간다 .
[abɔdʒiwa-hjɔŋnimuɯn-koŋdʒaŋe-kanda]
（父と兄は 工場へ 行く）

第7回

動詞の活用（その2）

前回，韓国語の動詞の過去の形には過去形と先過去形があると表にしめしておきました。では，それぞれについて説明しましょう。

7.1. 過去形

まず第1に，過去形ははなすときからみて，その瞬間よりもまえにおこなわれた動作をしめしています。例をあげてみましょう。

나는 저 영화를 보았다.
[nanɯn-tʃɔ-jɔŋ(h)warɯl-poa^{tʔ}ta]
（私は あの 映画を 見た）
나는 큰 고기를 낚았다
[nanɯn-k^{h}ɯn-kogirɯl-na^{ʔ}k-a^{tʔ}ta]
（私は 大きな 魚を 釣った）

第2に，韓国語の動詞の過去形は，ある動作が現在は完了していても，その結果がのこっているばあい，その動作をしめすためにつかわれます。例をみましょう。

그녀는 흰 치마를 입었다.
[kɯnjɔnɯn-hin-tʃ^{h}imarɯl-ibɔ^{tʔ}ta]
（彼女は 白い スカートを はいている）
그는 방에 앉았다.
[kɯnɯn-paŋe-andʒa^{tʔ}ta]
（彼は 部屋に すわっている）
그는 좋은 신을 신었다.
[kɯnɯn-tʃoɯn-ʃinɯl-ʃinɔ^{tʔ}ta]
（彼は よい 靴を はいている）

上の例では〈はいた〉〈すわった〉と訳してもよいのですが，〈はいている〉〈すわっている〉と訳しておきました。なぜそうしたかといえば，〈はく〉とか〈すわる〉とかいう動作はもうおわってしまっているけれども，その結果が現在もつづいているからです。むずかしくいえば，韓国語の動詞の過去形は完了（perfect）の意味をもっているのです。この種の過去形の意味は，動作をしめしているというよりも，むしろ動作の結果うまれてきた状態をしめしているわけです。

過去形がこのような意味をもつことができるのは，つぎのような瞬間的におわる動作をしめしている動詞にかぎられています。

서다 [sɔda]　（たつ）
앉다 [an^{ʔ}ta]　（すわる）
입다 [i^{pʔ}ta]　（着る）
신다 [ʃin^{ʔ}ta]　（はく）
타다 [t^{h}ada]　（のる）

しかし，時間的な長さ（継続性あるいは反復性）をもつ動作をしめしているつぎのような動詞の過去形は，このような意味，つまり動作の結果が今もつづいているという，現在完了の意味をもつことができません。どこまでも動作自体はおわっています。

읽다 [ik?ta]	（よむ）
쓰다 [?sɯda]	（かく）
놀다 [nolda]	（あそぶ）
자다 [tʃada]	（ねむる）
걷다 [kɔt?ta]	（あるく）

7.2. 過去形のつくりかた

では，過去形のつくりかたを説明しましょう。まえに説明してあるように，韓国語の動詞の原形は語幹と語尾からなりたっているのですが，それが過去になる時は，語幹と語尾との間に接尾辞았 [at] あるいは었 [ɔt] をさしこみます。

過去形をつくる接尾辞 었 [ɔt] と았 [at] の 2 種類のつかいわけはきわめてかんたんです。語幹のおしまいの音節にㅏ[a]あるいはㅗ [o] があれば，過去の接尾辞は았 [at] になり，それ以外は었 [ɔt] になります。ではいくつかの動詞を過去形につくってみましょう。

原形			過去形	
받-다	[paᵗ-ta]	（もらう）	받-았-다	[pad-aᵗ-ˀta]
갚-다	[kaᵖ-ta]	（返す）	갚-았-다	[kapʰ-aᵗ-ˀta]
보-다	[po-da]	（見る）	보-았-다	[po-aᵗ-ˀta]
			(봤다)	[pwaᵗ-ˀta]
놀-다	[nol-da]	（あそぶ）	놀-았-다	[nor-aᵗ-ˀta]

そのほかのばあいは，すべて었 [ɔᵗ] をつかいます

먹-다	[mɔᵏ-ˀta]	（たべる）	먹-었-다	[mɔg-ɔᵗ-ˀta]
걸-다	[kɔl-da]	（かける）	걸-었-다	[kɔr-ɔᵗ-ˀta]
주-다	[tʃu-da]	（やる）	주-었-다	[tʃu-ɔᵗ-ˀta]
불-다	[pul-da]	（吹く）	불-었-다	[pur-ɔᵗ-ˀta]
심-다	[ʃim-ˀta]	（植える）	심-었-다	[ʃim-ɔᵗ-ˀta]
열-다	[jɔl-da]	（あける）	열-었-다	[jɔr-ɔᵗ-ˀta]
거들-다	[kɔdɯl-da]	（てつだう）	거들-었-다	[kɔdɯr-ɔᵗ-ˀta]

＊発音記号では [kɔdɯr-ɔᵗ-ˀta] のようにかいて，ハイフンで動詞のつくりを分解して，しめしておきました。これは音節のきれめをしめしたものではありません。どこまでも動詞のつくりを示すためのものですから，よむときは [kɔ-dɯ-rɔᵗ-ˀta] というふうに発音してください。

接尾辞았 [ɔᵗ] あるいは었 [ɔᵗ] をさしこむきまりも，例外があって，かわることがあります。それは，語幹の母音と接尾辞の母音とが同じであるばあいです。このばあい，2つの母音は1つの母音にとけあってしまいます。たとえば，가다 [kada]（行く）という動詞は，まえにあげたたてまえにしたがえば，가-

았-다 [ka-a^{t}-^{ʔ}ta] とならなければならないところなのが，ㅏ [a] という音がㅏㅏと2つならびますので，それがとけあって，その2つのㅏが1つになり，갔다 [ka^{t}-^{ʔ}ta] となるのです。つぎのような動詞はこのグループにはいるものです。

서다 [soda]（たつ）
서-었-다 [sɔ-ɔ^{t}-^{ʔ}ta] → 섰다 [sɔ^{t}-^{ʔ}ta]

자다 [tʃada]（ねむる）
자-았-다 [tʃa-a^{t}-^{ʔ}ta] → 잤다 [tʃa^{t}-^{ʔ}ta]

ところで〈する〉という意味の動詞하다 [hada] は，まったく風がわりな過去形をもっています。まえに説明したきまりにしたがえば，하다の過去形は하다 -하았다 -핬다になりそうにおもえるのですが，하였다 [hajɔ^{tʔ}ta] あるいは했다 [hɛ^{tʔ}ta] となります。前者はかたい書きことばでのみもちいられ，後者がひろくつかわれます。韓国語のならいかけの人が하다の過去形を핬다などとまちがえてつかっている例をよくみかけますが，みなさんはこのようなまちがいがおこらないよう，りくつぬきにおぼえてください。

7.3. 先過去形

まえに説明してあるように，過去形は過去の動作の結果うまれてきた現在の状態をもしめすことができます。ところが先過去形は，動作の結果うまれてきた過去の状態をしめします。

たとえば，그녀는 흰 치마를 입었다（彼女は白いスカートをはいている）のとき〈입었다〉を日本語に訳すときは〈はいて

いる〉としましたが〈입다〉という動詞を先過去形にかえると〈입었었다〉となり，日本語では〈はいていた〉と訳さなければなりません。このように過去形と先過去形とのちがいはちょうど日本語の〈はいている〉と〈はいていた〉とのちがいのようなものです。

さらに，先過去形は，過去におこなわれたほかの動作，それに先行する動作をしめすためにもちいられます。つまり，先過去形でしめされる動作は，ほかにいろいろおこなわれた動作よりも，まえにおこなわれているものなのです。こういうところから，先過去はその意味が回想的です。

1）動作より先行しているばあい

그때는 일곱 시가 넘었었다.

[kɯ^{ʔ}tɛnɯn-ilgop^{ʔ}ʃiga-nɔmɔ-^{ʔ}sɔ^{tʔ}ta]

（その時は７時を すぎていた）

2）回想的なばあい

그 날은 비가 왔었다.

[kɯ-narɯn-piga-wa^{ʔ}sɔ^{tʔ}ta]

（その 日は 雨が ふっていた）

先過去形のつくりかたは，語幹のあとに接尾辞았었，あるいは 었었をさしこめばいいわけです。았었，었었，였었のいずれをどうつかいわけるかは，過去形の接尾辞았，었，였のつかいわけとまったくおなじです。

いくつかの動詞の原形を過去形，先過去形につくりかえて見ましょう。

原形　보다　[poda]（見る）
過去形　보-았-다　[po-a^{t}-^{ʔ}ta]
先過去形　보-았었-다　[po-a^{ʔ}sɔ^{t}-^{ʔ}ta]

原形　있다　[i^{tʔ}ta]（ある）
過去形　있-었-다　[i^{ʔ}s-ɔ^{t}-^{ʔ}ta]
先過去形　있-었었-다　[i^{ʔ}s-ɔ^{ʔ}sɔ^{t}-^{ʔ}ta]

原形　베다　[peda]（きる）
過去形　베-었-다　[pe-ɔ^{t}-^{ʔ}ta]
先過去形　베-었었-다　[pe-ɔ^{ʔ}sɔ^{t}-^{ʔ}ta]

7.4. 未来形

未来形は，はなす時からみて，あとになっておこなわれる動作をしめします。

나는 내일 학교에 가겠다.
[nanɯn-nɛil-ha^{kʔ}kjoe-kage^{tʔ}ta]
（私は あす 学校へ 行く）
나는 기차를 타겠다.
[nanɯn-kitʃ^{h}arɯl-t^{h}age^{tʔ}ta]
（私は 汽車に のる）

この例でわかるように，未来形をつくるには，語幹と語尾とのあいだに接尾辞겠 [ke^{t}] をさしこめばいいのです。

前の回で説明してあるように，韓国語では，ふつう未来の動

作をあらわすためには現在形がつかわれるのですが，そのうえに未来形があるとすれば，おかしいことになります。実は，韓国語の動詞の未来形というのは，かならずしも未来の動作をしめしているとはいえないのです。というのは，未来の接尾辞겠[ke^{t}]は，つぎの表のように，過去形や先過去形のなかにもあらわれて予想，推量，意志，蓋然性の意味をもっています。

こうしたことは，ちょうど日本語の〈…だろう〉や〈…そうだ〉という助動詞のはたらきにちかいのです。〈彼はあす学校に行くだろう〉といえば，たしかに未来の意味をしめしているのですが〈彼はきのう学校に行っただろう〉といえるのですから，助動詞〈だろう〉が時間をしめす手つづきだとはいえません。

原形に겠がつく場合	보겠다
過去形に겠がつく場合	보았겠다
先過去形に겠がつく場合	보았었겠다

〈だろう〉はあきらかに，はなし手の気持ちをしめしているのです。はっきり判断をくだせないばあいに，はなし手は〈だろう〉をつけるのです。

韓国語の겠という接尾辞もだいたい日本語の〈…だろう〉や〈…そうだ〉にちかい意味をもっているのです。かならずしも時間をしめすものだとはいえません。겠 [ke^{t}] はむしろ推量法をつくる接尾辞といった方がいいでしょう。例文を見ましょう。

구름을 보니 비가 오겠다.
[kurɯmɯl-poni-piga-oge$^{t?}$ta]
（雲を 見ると 雨が ふりそうだ）
저 나무 그늘은 시원하겠다.
[tʃɔ-namu-kɯnɯrɯn-ʃiwɔn(h)age$^{t?}$ta]
（あの 木 かげは すずしそうだ）

したがって，原形に겠のついた形は現在の推量法，過去形に겠のついた形は過去の推量法，先過去形に겠のついた形は先過去の推量法とみなして，直説法に対立させることもできます。では直説法とはなにか，それについてはつぎの回で説明します。

第8回

動詞の活用（その3）

8.1. 法（きもち）

前回は，韓国語の動詞が文のおわりにくるとき，時間の観点から，どのように活用するかということについて説明しました。さらに，動詞は法（きもち）という観点からいくつかの形に変化しますが，その法（きもち）の作りかたと使いかたについてこれから説明します。

韓国語の動詞が文のおわりにくるとき，話し手のきもちから，ことがらをどのようにとらえるかということによって，

①直説法（のべたてる形）
②疑問法（といかける形）
③命令法（いいつける形）
④勧誘法（さそいかける形）

という4つにつかいわけられています。では，その1つ1つについて説明しましょう。

8.1.1. 直説法

直説法は，話し手が，ことがらをありのままみとめて，述べたてる形です。そして，第7回で勉強した動詞の現在，過去，未来の形が直説法なのです。つまり，動詞の時間というのは，直説法のなかに典型的にあらわれてくるのであって，時間と法（きもち）というものは，実際にははなれてはありえないのです。直説法のつくりかたについては，まえに説明しました。もう一度，直説法の例をみましょう。

■直説法の形 먹다（たべる）

現在	過去	先過去	未来
먹-는다	먹-었다	먹-었었다	먹-겠다

8.1.2. 疑問法

疑問法は文字どおり話し手が，ことがらがどうであるかを，相手に問いかける形です。疑問法の作りかたは，現在形のばあいは，語幹に냐をつけ，過去，先過去，未来のばあいは時間をあらわす接尾辞のあとに냐をつけます。냐のかわりに느냐という接尾辞をつけてもおなじ疑問法ができますが，このばあいはいくらかきこえがやわらかくなります。では，つぎの表で直説法と疑問法をみくらべながら，疑問法の作りかたを身につけてください。

時間	먹다の直説法	먹다の疑問法
現在	먹-는다	먹-(느)냐
過去	먹-었다	먹-었(느)냐

先過去	먹-었었다	먹-었었(느)냐
未来	먹-겠다	먹-겠(느)냐

8.1.3. 命令法

命令法は，話し手が相手に動作をいいつける形です。その作りかたは，語幹が母音でおわっている場合は라，語幹が子音でおわっている場合は，아라あるいは어라をその語幹のあとにつけます。この命令法は，直説法のように，時間にしたがって，過去，先過去，未来というふうにわかれていませんが，ちょっと考えればその理由がわかります。命令する以上，その命令文で述べられていることがらは未来に起こることだからです。

語幹が母音でおわっている動詞	語幹が子音でおわっている動詞
가-라（行け） 보-라（見ろ）	잡-아라（つかめ） 읽-어라（よめ）

8.1.4. 勧誘法

勧誘法は，話し手が相手にさそいかける形です。勧誘法も命令法のように過去，先過去，未来などの形はありません。作りかたは，動詞の語幹に자をつけます。

먹-자（たべよう）
가-자（行こう）
보-자（見よう）

8.2. 階称（ていねいさ）

さて，以上述べたように韓国語の動詞は，時間と法にしたがって活用するわけですが，これで活用の体系の全部をとらえたわけではありません。みなさんの中にはごぞんじのかたもおられるかもしれませんが，韓国語の動詞は，階称（ていねいさ）という観点から活用していて，わたしたちがだれにはなすかということにしたがって，動詞の語尾を変化させなければならないのです。説明をわかりやすくするために，いままではこのことを無視してきました。実際には，述語になる動詞の形は，それぞれ時間と法と階称との意味をかねそなえています。ですから，階称をひとまず勉強しておかなければ動詞をつかうことができません。

韓国語の動詞は，階称という観点からつぎの5つの形に活用します。

①尊敬した言いかた
②ていねいな言いかた
③したしみのある言いかた
④えんりょのない言いかた
⑤らんぼうな言いかた

話というものは，かならず相手がいて，なりたつのですが，階称（ていねいさ）は，その相手にたいする話し手の態度をあらわしています。この話し手の態度は，社会的な身分関係，家族関係やそのときの感情などによってきまります。

つぎに階称を使いわける規準をだいたい説明しておきましょう。

第1の形　尊敬した言いかた

この形は，聞き手が話し手より目上の人に（子供が大人に，わかいものがとしよりに，社会的地位のひくい人がたかい人に）対して，あるいは特別尊敬しなければならない相手に対して使われます。

第2の形　ていねいな言いかた

聞き手が話し手よりも少し目上のばあい，あるいは，あまりしたしくないあいだで使われます。

第3の形　したしみのある言いかた

この形は，聞き手と話し手との関係がほとんど対等なばあいに，あるいはしたしいあいだがらで使われます。

第4の形　遠慮のない言いかた

聞き手が話し手よりも目下のばあい（大人が子供に，年上の人が年下の人に対して）使われます。

第5の形　らんぼうな言いかた

話し手と聞き手とのあいだがらが，ごく親しいばあいや，子供どうしのあいだで使われます。しかし，大人の会話でこれを使うと，相手を軽蔑した言いかたにもなることがあります。

では，これら５つの階称が４つの法とどのようにくみあわさるかを，みてみましょう。

8.2.1. 直説法

まえに説明してあるように，韓国語の動詞は階称（ていねいさ）の観点から5つの形がありますので，直説法の現在や過去，先過去，未来は，それぞれ5つの形があるわけです。それを表でしめします。

8.2.1.1. 直説法の現在

第1	第2	第3	第4	第5
ㅂ니다/ 습니다	(으)오/ 소	네	ㄴ다/ 는다	아/ 어

第4の形は語幹に時間をあらわす現在の接尾辞のあとに다がついていますが，そのほかのものはすべて語幹のあとに直接つけて作ります。たとえば〈来る〉という動詞の오다は直説法現在では第1，第2，第3と第5の形は現在をしめす接尾辞がかけています。

（例） 학교에 갑니다.
（学校へ 行きます）
손을 잡습니다.
（手を とります）
학교에 간다.
（学校へ 行く）

ㅂ니다と습니다，ㄴ다と는다の使いわけかたは，発音上の問題で，語幹が子音でおわっているか，母音でおわっているかのちがいです。

8.2.1.2. 直説法の過去

第1	第2	第3	第4	第5
았습니다	았소	았네	았다	았어

表でわかるように直説法過去の接尾辞のあとに第1，第2…の形を作る語尾をつければいいのです。

■例　영화를 보았습니다.
（映画を みました）
영화를 보았다.
（映画を みた）

8.2.1.3. 直説法の先過去

第1	第2	第3	第4	第5
았었습니다	았었소	았었네	았었다	았었어

■例　제가 갔을 매는 벌써 고기를 다섯(5) 마리나 낚았었습니다.
（私が 行った 時は すでに 魚を５ 匹も 釣っていました）
고기를 낚았었다.
（魚を 釣っていた）

この形も，直説法過去の形を作るばあいとおなじように，時間をしめす過去の接尾辞のあとに，階称をしめす語尾をくっつけます。

8.2.1.4. 直説法の未来

第1	第2	第3	第4	第5
겠습니다	겠소	겠네	겠다	겠어

■例　열(10) 시에 가겠습니다.
（10 時に 行きます）
일곱(7) 시에 가겠다.
（7 時に 行く）

8.2.2. 疑問法

疑問法のばあいも，直説法のばあいとおなじく現在や過去，先過去，未来があって，それらは階称の観点から5つの形にわかれます。

8.2.2.1. 疑問法の現在

第1	第2	第3	第4	第5
ㅂ니까/ 습니까	(으)오/ 소	는가	나(느)냐/ 니	아/ 어

■例　학교에 갑니까？
（学校へ 行きますか？）
학교에 가느냐？
（学校へ 行くか？）

疑問法の現在形も，直説法の現在とおなじように語幹に階称の語尾をつけて使います。

8.2.2.2. 疑問法の過去

第1	第2	第3	第4	第5
았습니까	았소	았는가	았나 았(느)냐 았니	았어

■例　어제 학교에 갔습니까 ?
（昨日 学校へ 行きましたか？）
올해는 바다에 갔나 ?
（今年は 海へ 行ったか？）

8.2.2.3. 疑問法の先過去

第1	第2	第3	第4	第5
았었습니까	았었소	았었는가	았었나 았었(느)냐 았었니	았었어

■例　어제 학교에 갔었습니까 ?
（昨日 学校へ 行っていましたか？）
올해는 바다에 갔었나 ?
（今年は 海へ 行っていたか？）

8.2.2.4. 疑問法の未来

第1	第2	第3	第4	第5
겠습니까	겠소	겠는가	겠나	겠어

■例　내일 학교에 가겠습니까？
（あす 学校へ 行きますか？）
올해는 바다에 가겠나？
（今年は 海 へ 行くか？）

疑問法の過去や先過去，未来の形も直説法の過去や先過去を，未来の形とおなじように，それぞれ時間をあらわす接尾辞のあとに階称（ていねいさ）の語尾がつけられています。

8.2.3. 命令法

まえにも説明したように，命令法には直説法や疑問法のように過去，先過去，未来などはありません。ただ階称（ていねいさ）のちがいがあるのみです。

第1	第2	第3	第4	第5
(으)십시오	(으)오/소	게	라/아라	아/어

■例　차를 타십시오.
（車に のりなさい）
자전거를 타라.
（自転車に のれ）

8

8.2.4. 勧誘法

勧誘法も命令法と同様，過去，先過去，未来などはありません。

第1	第2	第3	第4	第5
(으)십시다	(으)ㅂ시다	(으)ㅂ세	자	아

■例　기차를 타십시다.
（汽車に のりましょう）
한국어를 열심히 배우자.
（韓国語を 熱心に 学ぼう）

さて，これで階称という観点からの形についての勉強は一応おわったわけですが，この階称（ていねいさ）の形を勉強しているうちに，まえに法についての説明であげた例をよくみますと，すべて階称の第4の形であることに，おきづきでしょう。

話し手が常に相手を考慮して話すのは，談話においてです。文章のばあいでは潜在的には相手がいるといえるのですが，ちょくせつ目の前にいるわけではありません。ですから，文章では階称は必要でなくなります。そして文章では，階称という観点からは中性になった第4の形がもちいられます。そういうことで，第4の形は論文や新聞などをよむためにたいせつなのです。時間と法の説明のときに第4の形をもちいたのは，このような理由によります。ですが，おなじ文章であっても手紙や演説では会話とおなじように階称が問題になります。きき手よみ手のことを考えずに，客観的に描写するとき，第4の形がもちいられるとおぼえておいてください。

階称をもう一度わかりやすく説明すれば，第4の形は日本語の文章につかわれる，〈だ，である〉体にちかいいいかたであって，第1の形は日本語の，〈です，ます〉体であるといえます。さしあたっては，みなさんは会話の時には第1の形をもちい，文章では第4の形をもちいるといいのですから，第1の形と第4の形をよくおぼえてください。

ではこれまで勉強してきたすべての形を表にまとめておきます。

ていねいさ（階称）	語幹	直説法		
		時間		
		現在	過去	未来
第1	보 / 받	ㅂ니다/습니다	았습니다	겠습니다
第2	보 / 받	(으)오/소	았소	겠소
第3	보 / 받	네	았네	겠네
第4	보 / 받	ㄴ다/는다	았다	겠다
第5	보 / 받	아/어	았어	겠어

＊先過去のばあいは，時間をあらわす過去の形にくっつけられる階称（ていねいさ）の語尾と同じなので，この表でははぶきました。

疑問法			命令法	勧誘法
時間				
現在	過去	未来		
ㅂ니까/습니까	았습니까	겠습니까	(으)십시오	(으)십시다
(으)오/소	았소	겠소	(으)오/소	(으)ㅂ시다
는가	았는가	겠는가	게	(으)세
나, 니, (느)냐	았나, 았니, 았(느)냐	겠나, 겠니, 겠(느)냐	라, (아)라	자
아/어	았어	겠어	(어)	아/어

名詞の格（その1）

前回で，動詞はおもに動作をあらわしている単語だといいました。そして，この動詞は時間や法（きもち）などの観点からいろんな形に活用するということを勉強しました。

動詞が動作をあらわしているのに対して, 名詞は, 귤[kjul]（みかん），토마토 [t^homat^{h}o]（トマト），산 [san]（山），바다 [pada]（海），곰 [kom]（熊）などのように, 物のなまえです。ですが， 운동 [undoŋ]（運動）とか일 [il]（しごと），이야기 [ijagi]（はなし）などの名詞は，意味のうえからみて物をしめしている単語だとはいえません。動作をあらわしている単語です。それにもかかわらず，これらの単語は動詞ではなく，やはり名詞なのです。なぜかといえば，動詞が活用の体系をもっているのに対して，名詞は格変化といわれる独自の変化の体系をもっていて，운동（運動）とか，이야기（はなし）とかいう単語は名詞の特徴である格変化をするからです。

動詞とは，時間や法などにしたがって活用する単語であり，名詞とは格変化をする単語であるとおぼえておけばいいでしょう。では，格とはどういうものか考えてみましょう。

9.1. 格とは

日本語の字引きをひくと，〈熊〉や〈猿〉などの名詞が，ほかの単語とは関係なしに，はだかのままでてくるのですが，この単語を文のなかにつかおうとすれば，〈熊が〉，〈猿が〉，〈犬が〉，あるいは〈熊を〉，〈猿を〉，〈犬を〉というふうに形をかえて，ほかの単語との関係をつけなければなりません。

韓国語で〈熊が魚をつかまえた〉という文をつくってみましょう。

> 곰이 물고기를 잡았다.
> [komi mulˀkogirɯl tʃabaᵗˀta]
> （熊が 魚を つかまえた）

韓国語では熊のことを곰 [kom] といい，魚のことを물고기[mulˀkogi]といいます。これらの単語で文をつくるばあい，そのままつかえば，〈熊，魚，つかまえた〉になって意味があいまいになるか，さっぱり意味がとおらなくなります。ですが，〈熊〉を〈熊が〉に，〈魚〉を〈魚を〉に形をかえてやると，これらの単語と動詞〈つかまえる〉とのむすびつきがはっきりとしてきます。名詞とほかの単語とのむすびつきは，いろんな方法でしめされますが，韓国語では，まず第1に接尾辞をつかってしめされます。接尾辞というのは，単語ではなく，単語の部分であっていつも単語のうしろについてでてくるしっぽみたいなものです。ほかの単語とのむすびつきをしめすために名詞につく接尾辞を〈格〉といい，名詞がこの格をもつと，〈格変化する〉といいます。

韓国語の名詞は，おおまかにわけるとふたとおりの格変化をします。第1に，名詞が動詞や形容詞とくみあわさるときの名詞の格変化，これを〈格変化の連用形〉と名づけておきます。第2に名詞が名詞や代名詞とくみあわさるときの名詞の格変化，これを〈格変化の連体形〉と名づけておきます。

まずはじめに連用形の格変化から説明しましょう。名詞が助詞や形容詞とくみあわさるばあいは，つぎのように変化します。

格のなまえ	接尾辞	相応する日本語の格	名詞の語幹が母音でおわるばあい 바다（海）	名詞の語幹が子音でおわるばあい 집（家）
絶対格			바다	집
主格	가/이	が	바다-가	집-이
属格	의	の	바다-의	집-의
対格	를/을	を	바다-를	집-을
与・位格	에 (에게) 에서	に・で	바다 〈 에 / 에서	집 〈 에 / 에서
造格	로/으로	へ・で	바다-로	집-으로 **
共格	와/과	と	바다-와	집-과
呼格	아, 야 여, 이여	よ	야 여	아 이여

＊表記する際は、表中のハイフンは書かれません。
＊＊造格は、名詞の語幹がㄹでおわるばあいも、길-로のように로を用います。

9.2. 絶対格

いまは，字引きにでてくる形だと思ってください。絶対格は，格をしめすための接尾辞がついていません。だからといって格のはたらきがないというわけではありません。絶対格のはたらきは，あとで説明することにしましょう。

9.3. 主格

語幹に，가あるいは이をつけてつくります。語幹が母音でおわるばあいは가，子音でおわるばあいは이。そのはたらきは，日本語の格助詞〈が〉に相当していますので，そのつかいかたはむずかしくありません。つまり，名詞の主格の形は，動詞や形容詞でしめされる動作や状態の主体（もちぬし）であることをしめします。いいかえれば，名詞が主語になるばあいに，その名詞は主格の形をとるのです。例をみましょう。

겨울이 왔다.（冬が 来た）
[kjɔuri wa^{tʔ}ta]
바람이 분다.（風が ふく）
[parami punda]
비가 온다.（雨が ふる）
[piga onda]
기차가 간다.（汽車が 行く）
[kitʃ^{h}aga kanda]

しかし，韓国語の主格のつかいかたは，日本語の格助詞〈が〉のつかいかたとかならずしも一致しません。〈かれは大学生になった〉というばあい，〈大学生に〉を韓国語に訳すと，대학생이となります。つまり，日本語の〈大学生に〉を〈大学生が〉という主格の形に訳さないといけないわけです。

はんたいに，동생이 간호사가 되었다という韓国語の文を，日本語で〈妹が看護士がなった〉と訳すとおかしいことばになります。

日本語の〈医者になる〉〈教師になる〉〈学生になる〉というくみあわせは，韓国語では 의사가 된다，교사가 된다，학생이 된다というぐあいに，名詞は主格の形をとります。

また，日本語の〈医者でない〉〈教員でない〉〈学生でない〉というくみあわせは，韓国語では 의사가 아니다，교사가 아니다，학생이 아니다というぐあいに，名詞は主格の形をとります。むずかしくいえば，なる＝되다，ない＝아니다という単語がつなぎ（繋詞）としてはたらくばあい，このつなぎとくみあわさって，述語になる名詞は，韓国語では主格の形をとるのです。つなぎ（繋詞）というのは，主語と述語とをつなぐ単語のことです。ですから，いちばんよくつかわれるつなぎ（繋詞）は〈である〉です。この〈である〉は，韓国語では〈이다〉です。この이다とくみあわさって，述語になる名詞は，主格の形をとりません。絶対格をとります。

9.4. 属格

属格は，日本語の格助詞〈の〉に相当し，おもに名詞と名詞とをくみあわせるためにつかわれます。日本語の〈私の住んでいた故郷〉のように，韓国語でも修飾する文のなかの主語をしめすために属格がつかわれることもありますが、稀です。

属格を表す〈의〉は，かたい書きことば的な発音では二重母音の [ɯi] ですが，話しことばではふつう単母音の [e] で発音されます。

나의 살던 고향
[nae saldɔn ko(h)jaŋ]
（私の 住んでいた 故郷）

もちろん日本語とおなじょうに，この属格を主格におきかえてもかまいません。

내가 살던 고향
[nɛga saldɔn ko(h)jaŋ]
（私が 住んでいた 故郷）

9.5. 対格

対格をあらわす〈를〉と〈을〉のちがいは，主格の場合とおなじように，形はちがっていても意味の上からはちがいありません。ただ発音上のちがいです。母音でおわっている語幹のあとでは〈를〉を，子音のあとでは〈을〉をつかいます。対格には를，을のほかに，〈ㄹ〉という形があります。これは母音でおわっている語幹につけてつかいます。そしてこれは，를，을とおなじ意味をあらわしていますが，この形はおもにはなしことばのなかでつかわれます。

■例　**나는 바다를 갔다 왔다.**
[nanun padarɯl ka$^{t?}$ta wa$^{t?}$ta]
（私は 海へ 行って きた）

対格は，動詞でしめされる動作の対象をしめしているのです。この場合韓国語の対格를，을の形は，日本語の格助詞〈を〉とまずおなじだといえるのでここではくわしく説明しません。

（a）はたらきかけをうける対象

나무를 벤다（木を きる）

[namurɯl penda]

유리를 깼다（ガラスを わった）

[jurirɯl ^{ʔ}kɛ^{tʔ}ta]

책을 읽는다（本を よむ）

[tʃ^{h}ɛgɯl iŋnɯnda]

（b）所有の対象をあらわすばあい

돈을 받았다（金を 受けとった）

[tonɯl pada^{tʔ}ta]

표를 샀다（キップを かった）

[p^{h}jorɯl sa^{tʔ}ta]

집을 샀다（家を かった）

[tʃibɯl sa^{tʔ}ta]

（c）心理的な活動の対象をあらわすばあい

누군가를 미워한다（誰かを にくむ）

[nugungarɯl miwɔ(h)anda]

그녀를 사랑한다（彼女を 愛する）

[kɯnjɔrɯl saraŋ(h)anda]

조국을 사랑한다（祖国を 愛する）

[tʃogugɯl saraŋ(h)anda]

韓国語の対格は，動作の対象ではなく動作の相手をしめすことができます。この点で日本語の格助詞〈を〉とちがっています。たとえば，日本語では〈お姉さんがいちご（を）1つ（を）私にくれた〉というところを韓国語では〈お姉さんがいちご1つを私をくれた〉ということができます。

> 언니가 딸기 하나를 나를 주었다.
> [ɔnniga ˀtalgi hanarɯl narɯl tʃuɔ^{tʔ}ta]
> （お姉さんが いちご 1つを 私に くれた）

つまり〈あげる〉드리다，〈やる〉주다，などのような所有権のゆずりわたしをしめす動詞が対格をもつ名詞とくみあわさると，ゆずりわたしの対象をしめすだけでなく，ゆずりわたす相手をもしめします。ですから，対格の形をとる名詞が，1つの文のなかに2つあるということは，日本語になれている人には，奇妙な現象にみえるでしょう。このばあい，ゆずりわたしの対象であるか，相手であるかということは，名詞の語彙的な意味（字引きにかいてある意味）が決定するわけです。対格は与格にとりかえてもいいわけです。

■例　꽃을 어머니에게 드린다.
[ˀkotʃʰɯl ɔmɔniege tɯrinda]
（花を おかあさんに あげる）

対格の形をとる名詞が，移動動作をしめす自動詞とくみあわさるばあいも，日本語と同じように空間（場所）的なむすびつきをつくります。このばあい名詞の語彙的な意味は〈山〉，〈川〉，〈海〉，〈運動場〉，〈道〉のように空間（場所）をしめしているものです。

(a) 動作のおこなわれる場所

길을 걷는다（道を あるく）
[kirɯl kɔnnɯnda]

운동장을 돈다（運動場を まわる）
[undoŋdʒaŋɯl tonda]

(b) 出発点をあらわす場合

학교를 나간다（学校を でる）
[ha$^{k?}$kjorɯl naganda]

일본을 떠난다（日本を 去る）
[ilbonɯl $^{?}$tɔnanda]

(c) 通過する場所をあらわすばあい

산을 넘는다（山を こえる）
[sanɯl nɔmnɯnda]

바다를 건너 조국으로 간다
[padarɯl kɔnnɔ tʃoguguro kanda]
（海を 渡って 祖国へ 行く）

このかぎりでは, 韓国語の対格のはたらきは, 日本語の〈を〉のはたらきとおなじなのですが, 韓国語の対格は, 가다（行く), 향하다（むかう), 들어가다（はいる）のような自動詞とくみあわさって, 目的地（行く先)をしめすことができます。

この点で韓国語の対格は, 日本語の格助詞〈に〉に相当しているわけです。もっとも, 韓国語でも, このばあい対格をつかわないで, 与格あるいは造格をつかってもいいわけです。たとえば, 산을 간다（山を行く）を산에 간다（山へ行く）, 운동장을 들어간다（運動場を入る）を운동장에 들어간다（運動場へ入る), 운동장으로 들어간다（運動場に入る）などがその例です。

韓国語では타다（のる）という動詞も移動性の自動詞であって日本語のように〈馬にのる〉とはいわないで，말을 탄다(馬をのる）といいます。

전철을 탄다（電車に のる）
[tʃɔntʃʰɔrɯl tʰanda]
자동차를 탄다（自動車に のる）
[tʃadoŋtʃʰarɯl tʰanda]

さらに, たとえば〈魚つり〉, 〈留学〉, 〈出張〉などのような動作性の抽象名詞が，対格の形で가다（行く），향하다（むかう）という動詞とくみあわさると，この名詞は動作との関係において目的をしめします。〈유학을 가다〉（留学に行く，留学する）や〈출장을 가다〉（出張に行く，出張する）などがそうした例です。

時間をしめしている名詞が，対格の形で，移動性の自動詞とくみあわさると，動作のおこなわれる時間をしめすことも日本語とかわりありません。

사흘을 걸었다（3日間 あるいた）
[sa(h)ɯrɯl kɔrɔt̚ʔta]
도쿄에서 봄을 지냈다（東京で 春を すごした）
[tokʰoesɔ pomɯl tʃinɛt̚ʔta]

また状況をしめす名詞が，対格の形で，移動性の自動詞とくみあわさると動作のおこなわれる状況をしめすという点でも，日本語とにています。

숲 속을 간다（森の 中を 行く）
[sup$^{?}$sogɯl kanda]
안개 속을 간다（霧の 中を 行く）
[angɛ sogɯl kanda]

時間的なむすびつきや状況的なむすびつきのばあいでは，自動詞がかならずしも移動性であるという限定がなくなります。この点も日本語とおなじです。

練習問題

次にあげた文で，発音のしかたや格のつかいかたなどを練習しましょう。

①ㄱ）겨울이 왔다.
　ㄴ）눈이 온다.
②ㄱ）저것은 논이 아니라 밭이다.
　ㄴ）그것은 학교가 아니라 병원이다.
③ㄱ）그는 고등학생이 아니라 대학생이다.
④ㄱ）두 사람의/사람이 만나는 날을 정했다.
　ㄴ）바람이 센 날.
⑤ㄱ）아버지는 씨를 뿌린다.
　ㄴ）어머니는 꽃을 심는다.
　ㄷ）수남이는 자전거를 탄다.
　ㄹ）영남이는 버스를 탄다.

発音のしかた

①ㄱ）[kjɔuri wa^{tʔ}ta]

ㄴ）[nuni onda]

②ㄱ）[tʃɔgɔsɯn noni anira patʃ^{h}ida]

ㄴ）[kɯgɔsɯn ha^{kʔ}kjoga anira pjɔŋwɔnida]

③ㄱ）[kɯnɯn kodɯŋ(h)ak^{ʔ}sɛŋi anira tɛ(h)ak^{ʔ}sɛŋida]

④ㄱ）[tu sarame/sarami mannanɯn narɯl tʃɔŋ(h)ɛ^{tʔ}ta]

ㄴ）[parami sen nal]

⑤ㄱ）[abɔdʒinɯn ^{ʔ}ʃirɯl ^{ʔ}purinda]

ㄴ）[ɔmɔninɯn ^{ʔ}kotʃ^{h}ɯl ʃimnɯnda]

ㄷ）[sunaminɯn tʃadʒɔngɔrɯl t^{h}anda]

ㄹ）[jɔŋnaminɯn ^{ʔ}pɔsɯrɯl t^{h}anda]

日本語訳

①ㄱ）冬が　きた

ㄴ）雪が　ふる

②ㄱ）あれは　たんぼでなく，畑だ

ㄴ）それは　学校では　なく，病院だ

③ㄱ）かれは　高校生で　なく，大学生だ

④ㄱ）2人の / 2人が 会う　日を　決めた

ㄴ）風の　つよい　日

⑤ㄱ）父は　たねを　まく

ㄴ）母は　花を　うえる

ㄷ）スナミは　自転車に　のる

ㄹ）ヨンナミは　バスに　のる

名詞の格（その2）

10.1. 与格

90 ページにかかげた格の一覧表では，에 [e]，에게 [ege] と에서 [esɔ] とを与位格というなまえでまとめておきましたが，実際には에，에게を与格とし，에서を位格とした方が説明しやすいので，これからは，わけて説明することにします。

与格のつかいかたは，日本語の格助詞の〈に〉とほとんどおなじです。だから説明する必要はないようなものですが，ほかの格との関係を理解するためにいくらかくわしく説明します。

韓国語の与格には에と에게の2つの形があるのですが，このつかいわけは，与格の形をとる名詞が活動体をしめすものか，不活動体をしめすものかによるのです。活動体つまり人や動物をしめす名詞が与格になる場合は，에게という形をとり，不活動体つまり物や現象をしめす名詞が与格の形をとる場合は，에をとるのです。

韓国語の与格が動詞とむすびつく場合は，基本的には対象的な関係をつくります。対象的なくみあわせは，だいたいつぎのようなものがあります。

10.2. 与格の対象的なくみあわせ

10.2.1. ありか（存在）

与格の形をとる名詞は，있다 [i^{tʔ}ta]（ある），없다[ɔ^{pʔ}ta]（ない）など，存在をあらわす動詞とむすびつく場合は，物や現象のありかをしめします。

■例 옆 방에 컴퓨터가 있다.

[jɔ^{pʔ}paŋe k^{h}ɔmp^{h}jut^{h}ɔga i^{tʔ}ta]

（となりの 部屋に パソコンが ある）

■例 지갑에 돈이 하나도 없다.

[tʃigabe toni hanado ɔ^{pʔ}ta]

（財布に お金が まったく ない）

10.2.2. くっつけ

この場合は，あるものをあるものにくっつける動作を表現する場合，くっつけるものは対格를，을で表現し，くっつけられるものは，与格で表現するのです。

くっつけをあらわす動詞には，붙이다（つける），묶다（しばる），달다（つるす），얹다（のせる），놓다（おく），입다（きる），심다（植える）などのようにたくさんあります。

■例 주머니에 만년필을 꽂는다.

[tʃumɔnie mannjɔnp^{h}irɯl ^{ʔ}konnɯnda]

（ポケットに 万年筆を さす）

■例 머리에 꽃을 꽂는다.

[mɔrie ^{ʔ}kotʃ^{h}ɯl ^{ʔ}konnɯnda]

（髪に 花を さす）

■例 창가에 책상을 놓는다.

[tʃ^{h}aŋ^{ʔ}kae tʃ^{h}ɛk^{ʔ}saŋɯl nonnɯnda]

（窓際に 机を おく）

10.2.3. 相手

所有物をゆずりわたす相手も与格であらわします。この場合も韓国語の与格は，日本語の格助詞〈に〉にうつしかえることができます。

■例 친구에게 담배를 준다.

[tʃ^{h}inguege tambɛrɯl tʃunda]

（友達に タバコを やる）

10.2.4. 認識（態度）の対象

느끼다（感ずる），좋아하다（よろこぶ），반하다（ほれる），즐기다（たのしむ），만족하다（満足する），확인하다（確認する），회상하다（回想する），상상하다（想像する）のような動詞と与格の形をとる名詞がくみあわさる場合，認識（態度）のさしむけられる対象をしめします。

■例 그는 그 범죄자에게 분노를 느꼈다.

[kɯnɯn kɯ pɔmdʒedʒaege punnorɯl nɯ^{ʔ}kjɔ^{tʔ}ta]

（彼は その 犯罪者に 怒りを 覚えた）

■例 그는 그 여성에게 호감을 가졌다.

[kɯnɯn kɯ jɔsɔŋege hogamɯl kadʒɔ^{tʔ}ta]

（彼は その 女性に 好感を いだいた）

10.2.5. 発見の場

与格の形をとる名詞は，보다（見る），발견하다（発見する）などの動詞とくみあわさって，発見の場の意味をも表現します。

■例 슬픔이 그의 얼굴에 보였다.

[sɯlpʰɯmi kɯe ɔlgure pojɔt̚ˀta]

（かなしみが 彼の 顔に 見えた）

■例 아이 우는 소리에 잠을 깼다.

[ai unɯn sorie tʃamɯl ˀkɛt̚ˀta]

（子供の なき 声に 目（ねむり）を さました）

■例 그는 술 한 잔에 취했다.

[kɯnɯn sul handʒane tʃʰwi(h)ɛt̚ˀta]

（彼は 酒 一 杯に よった）

そして，このくみあわせはいくらか原因的な関係をもしめしています。

10.3. 与格の空間，時間的なくみあわせ

10.3.1. 空間的なくみあわせ

与格の形をとる名詞は移動性の動詞とむすびつく場合，行くさきをしめします。移動性の動詞というのは, 가다 (行く), 향하다 (むかう), 나아가다 (進む), 오르다 (のぼる), 걷다 (あるく), 달리다 (はしる), 나르다 (はこぶ) などのような動詞のことです。

■例 나는 평양에 간다.
[nanɯn pʰjɔŋjaŋe kanda]
（私は 平壌に 行く）

■例 나는 도쿄에 간다.
[nanɯn tokʰjoe kanda]
（私は 東京に 行く）

10.3.2. 時間的なくみあわせ

空間的なくみあわせでは，与格の名詞は場所（行くさき）をしめしていますが，この与格の名詞が，時間をしめすものであれば，時間的なくみあわせができあがります。この場合，動詞はかならずしも移動性のものでなくていいのです。

■例 오늘은 여덟 시에 집을 나간다.
[onɯrɯn jɔdɔl ˀʃie tʃibɯl naganda]
（今日は 8 時に 家を 出る）

■例 회의는 열 시에 시작된다.
[hweinɯn jɔl ˀʃie ʃidʒaᵏˀtwenda]
（会議は 10 時に 始まる）

10.3.3. 状況的なくみあわせ

与格の名詞が動作のおこなわれる状況をしめす場合には，状況的なむすびつきになります。

■例 이 비에 우산도 없이 가니？
[i pie usando ɔpˀʃi kani]
（この 雨に あまがさも なしで 行くの？）

10.4. 位格

10.4.1. 場所

位格の基本的な意味は，動作のおこなわれる場所をしめします。この意味では，韓国語の位格は，日本語の格助詞〈で〉に相当しています。

■例 나는 학교에서 놀았다.

[nanɯn ha^{kʔ}koesɔ nora^{tʔ}ta]

（私は 学校で あそんだ）

■例 나는 모래밭에서 씨름을 했다.

[nanɯn morɛ bat^{h}esɔ ^{ʔ}ʃirɯmɯl hɛ^{tʔ}ta]

（私は 砂場（砂畑）で すもうを とった（した））

10.4.2. 出発点

位格の名詞が移動性の動詞とくみあわさるときには位格の名詞は出発点をしめし，日本語の格助詞〈から〉に相当します。

■例 저 사람은 오사카에서 온 대표다.

[tʃɔ saramɯn osak^{h}aesɔ on tɛp^{h}joda]

（あの 人は 大阪から 来た 代表だ）

■例 미군은 오키나와에서 나가라！

[migunɯn ok^{h}inawaesɔ nagara]

（米軍は 沖縄から 出て行け！）

10.4.3. 時間的な出発点

与格の形は，場所的な出発点だけではなく，時間的な出発点をもあらわします。

■例 대회는 두 시에서 네 시까지입니다.

[tɛ(h)wenɯn tuʃiesɔ neʃiˀkadʒiimnida]

（大会は 2 時から 4 時までです）

時間的な出発点をあらわす場合は，普通，에서よりも助詞부터 [putʰo] の方がよくつかわれます。

■例 영화는 한 시부터 시작합니다.

[jɔŋ(h)wanɯn hanʃi butʰɔ ʃidʒakʰamnida]

（映画は 1 時から 始まります）

例でおわかりのように韓国語の助詞부터を日本語にうつしかえると〈から〉になります。

10.4.4. 判断の基準（よりどころ）

보다 [poda]（見る），생각하다（考える），판단하다（判断する）などのように，思考活動をしめす動詞とくみあわせると，位格の名詞は立脚点，立場などをしめします。この場合は，日本語の格助詞〈から〉に相当しています。

■例 그 문제를 이런 점에서 보면 어때요？

[kɯ mundʒerɯl irɔn tʃɔmesɔ pomjɔn ɔˀtɛjo]

（その 問題を こういう 点から 見たら どうですか？）

10.5. 形容詞とくみあわされる場合

10.5.1. 特徴や性格のありどころ

この場合は日本語の格助詞〈で〉に相当しています。

■例 그 배는 고려에서 가장 큰 배였다.

[kɯ pɛnɯn korjɔesɔ kadʒaŋ kʰɯn pɛjɔt^{ʔ}ta]

（その 船は 高麗で もっとも 大きい 船だった）

■例 세계에서 제일 큰 공장

[segeesɔ tʃeil kʰɯn koŋdʒaŋ]

（世界で 一番 大きな 工場）

10.5.2. 比較のよりどころ

比較のよりどころをしめすときにつかわれる韓国語の名詞の位格を日本語にうつしかえると〈から〉になります。

■例 평양은 서울에서 가깝다.

[pʰjɔŋjaŋɯn sɔuresɔ kaʔkap^{ʔ}ta]

（平壌は ソウルから 近い）

そして韓国語の에서は，名詞にくっついて主語をあらわす場合があります。

この場合，에서の形をとる名詞が集団をあらわしています。

■例 그 장학금은 학교에서 준 것이다.

[kɯ tʃaŋ(h)a^{kʔ}kɯmɯn ha^{kʔ}kjoesɔ tʃungɔʃida]

（その 奨学金は 学校が くれた ものだ）

以上のように韓国語の与格は格助詞〈に〉にうつしかえればよいし，位格は〈で〉あるいは〈から〉にうつしかえるといいのです。

10.6. 造格

韓国語の造格の基本的な意味は動作の手段をあらわします。この場合，韓国語の造格は日本語の格助詞〈で〉に相当します。

10.6.1. 手段のくみあわせ

a. 道具をあらわす場合

■例 톱으로 나무를 자른다.

[t^{h}obɯro namurɯl tʃarɯnda]

（のこぎりで 木を きる）

■例 연필로 편지를 쓴다.

[jɔnp^{h}illo p^{h}jɔndʒirɯl ^{ʔ}sɯnda]

（鉛筆で 手紙を かく）

b. 材料をあらわす場合

■例 쌀로 떡을 만든다.

[^{ʔ}sallo ^{ʔ}tɔgɯl mandɯnda]

（米で もちを つくる）

■例 **밀가루로 빵을 만든다.**

[mil^{ʔ}karuro ^{ʔ}paŋɯl mandɯnda]

（小麦粉で パンを つくる）

c. 原因あるいは理由をあらわす場合

■例 **병으로 쉬었다.**

[pjɔŋɯro swiɔ^{tʔ}ta]

（病気で やすんだ）

10.6.2. 空間的なくみあわせ

この場合は，行きさきをしめす名詞の与格에つまり日本語の格助詞〈に〉とほとんどおなじですが，에の方は到着点をしめし，로/으로の方は，方向的ニュアンスがあるのです。この로/으로の形を日本語にうつしかえる場合，格助詞〈へ〉になります。

方向をあらわす場合

■例 **나는 동쪽으로 걸었다.**

[nanɯn toŋ^{ʔ}tʃoguro kɔrɔ^{tʔ}ta]

（私は 東の方へ（と） あるいた）

10.7. 呼格

この格は人などによびかける場合につかいます。90ページの表にあげた形を，たとえばつぎのようにつかいます。

■例 **친구여!** [tʃ^{h}ingujɔ]（友よ！）

練習問題

본문 [ponmun] **（本文）**

（1） a 나는 그에게 한국어를 배웠다.
 b 나는 꽃병에 물을 넣었다.

（2） a 새해를 맞이한다.
 b 엽서에 뭐라고 쓸까?
 c 오늘 학교에서 선생님에게 물어보자.

（3） a 과세 안녕하십니까?
 b 나라의 평화 통일을 이루는 해로 합시다.

（4） a 엽서는 한국말로 쓰자.
 b 한국어를 배우는 과정에서 역사도 배우면 얼마나 좋을까?

발음 [parɯm] **（発音）**

（1） a [nanɯn kɯege haŋguŋmarɯl pɛwɔ^{tʔ}ta]
 b [nanɯn ^{ʔ}ko^{tʔ}pjɔŋe murɯl nɔɔ^{tʔ}ta]

（2） a [sɛ(h)ɛrɯl madʒi(h)anda]
 b [jɔp^{ʔ}sɔe mwɔrago ^{ʔ}sɯl^{ʔ}ka]
 c [onɯl ha^{kʔ}kjoesɔ sɔnsɛŋnimege murɔbodʒa]

（3） a [kwase annjɔŋ(h)aʃimni^{ʔ}ka]
 b [narae p^{h}jɔŋ(h)wa t^{h}oŋirɯl irunɯn hɛro hap^{ʔ}ʃida]

（4） a [jɔp^{ʔ}sɔnɯn haŋguŋmallo ^{ʔ}sɯdʒa]
 b [haŋgugɔrɯl pɛunɯn kwadʒɔŋesɔ jɔk^{ʔ}sado pɛumjɔn ɔlmana tʃoɯl^{ʔ}ka]

번역 [pɔnjɔ^k]（**翻訳**）

（1） a　私は　彼に　韓国語を　まなんだ
　　　b　私は　花ビンに 水を　入れた

（2） a　新年を　むかえる
　　　b　はがきに　なんと　かこうか？
　　　c　今日　学校で　先生に　きいてみよう

（3） a　(과세)（過歳）あけまして（안녕）（安寧）
　　　　おめでとうございます
　　　　(古いスタイルのあいさつことば)
　　　b　国の 平和　統一を　果たす　年に　しましょう

（4） a　はがきは　韓国語で　かこう
　　　b　韓国語を　学ぶ　過程で　歴史　も学ぶと
　　　　どんなに　いいだろう

名詞の格（その3）

まえにも説明してあるように，韓国語の名詞の格変化には連用形（動詞や形容詞とくみあわさるばあいの格変化の形）と連体形（名詞や代名詞とくみあわさる場合の格変化の形）とがあって，連用形には絶対格，主格，属格，対格，与位格（与格，位格）造格，共格（呼格をのぞく）があります。しかし，実際には名詞の格変化の連用形には複合した形態（格が2つかさなりあってできているもの）があります。たとえば，与格の接尾辞에[e]と対格の接尾辞를 [rɯl] とがかさなりあって，에를 [erɯl] という格変化の形ができあがります。いまはかりに，このような形を複合形態となづけておきます。에를[erɯl]を複合形態とすると，それの構成要素である에や를や로など，まえにあげた形は単純形態ということになります。

ふつう，韓国語の文法書では에서 [esɔ] は，単純形態としてあつかわれていますが，この接尾辞は에と서からなりたっている複合形態であるともみなすことができます。なぜなら에と에게との対立に相応して，에서と에게서との対立があるからです。에서はすでに位格として説明をくわえてありますから複合形態としてはあつかわないことにします。

格変化の複合形態にはつぎのようなものがあります。

1. 与対格（与格と対格が複合している場合）
에를 [erɯl]
에게를 [egerɯl]
2. 与造格（与格と造格が複合している場合）
에로 [ero]
에게로 [egero]

これらの形を1つ1つ説明しましょう。

11.1. 与対格

与格と対格とが複合している場合を与対格となづけておきます。この格には에를 [erɯl] と에게를 [egerɯl] との2つの形がありますが，そのつかいわけは에と에게とのつかいわけとおなじです。不活動体名詞には에를がくっつき，活動体名詞には에게를がくっつくわけです。

에를は与格の意味をつかっても，対格の意味をつかってもいいようなばあいにつかいます。つまり，2つの格が一致する意味は移動動作の行くさきです。日本語には〈に〉あるいは〈へ〉以外には訳せません。

■例　나는 친구 집에를 갔다.
[nanɯn tʃʰingu tʃiberɯl katˀta]
（私は 友達の 家に 行った）

■例　나는 처음 이 병원에를 왔다.
[nanɯn tʃʰɔɯm i pjɔŋwɔnerɯl watˀta]
（私は 初めて この 病院に 来た）

11.2. 与造格

与格と造格が複合している場合を与造格と名づけておきます。この格にも에로と에게로との2つの形がありますが，そのつかいわけはまえにしめした通りです。この格は与格をつかっても造格をつかってもかまわないような場合につかわれます。与格と造格が一致する場合もやはり，移動動作の行くさきをしめします。

■例 나는 세 시까지 공항에로 간다.

[nanɯn seʃiˀkadʒi koŋ(h)aŋero kanda]

（私は 3 時までに 空港に 行く）

■例 제가 그 사람에게로 가겠습니다.

[tʃega kɯsaramegero kageˀsɯmnida]

（私が その 人のところに 行きます）

11.3. 格変化の連体形

つぎに格変化の連体形について説明します。連体形というのは名詞や代名詞をかざるときの名詞の格変化のことをさします。このうち，에-의（への）や에서-의（での）や에로-의（への）のように，接尾辞が2つくみあわさった形は，もともと話しことばより書きことばで多く用いられる形でした。しかしこうしたくみあわせの形は，とりわけ今日の韓国では使われなくなる傾向にあります。ここでは韓国語が元来もっている表現の可能性をしめすものとして，例にあげておきます。

連体形にはつぎのような形があります。表にしてみましょう。

■ 連体形をあらわす名詞の格の一覧表

語幹 ＼ 格のなまえ	名詞の語幹が母音でおわる場合	名詞の語幹が子音でおわる場合	日本語訳
属　格	의		の
与　格	에의(에게의)		への
造　格	*로의	으로의	での への
共　格	와의	과의	との
位　格	에서의(에게서의)		での からの
与造格	에로의(에게로의)		への

＊造格は，名詞の語幹がㄹで終わる場合もこちらを用います。

連体形で一番大切な格は，日本語の格助詞〈の〉に相当する属格です。そのほかの連体形は，連用形に属格の의とのくみあわせでできています。これはちょうど〈東京へ旅行する〉というくみあわせと〈東京への旅行〉というくみあわせとの関係とおなじようなものです。連用形の格助詞〈へ〉が連体形になるときには〈への〉になるのとおなじように〈에〉に〈의〉がくっついて連体形の에의ができるのです。ですから에의あるいは에로의などのなかの〈의〉は連体形をつくるはたらきをしていて，本来の格としてのはたらきをうしなっています。絶対格，主格，対格，呼格には連体形がないということをおぼえておいてください。では連体形の格の1つ1つについて説明しましょう。

11.3.1. 属格

韓国語の属格は日本語の格助詞〈の〉にうつせばだいたいまちがいありません。ですが他の単語との関係をしるために，すこしくわしく説明しておきましょう。

日本語の格助詞〈の〉をもつ名詞がどんな単語とくみあわさって，どんな関係をつくるかということによって，日本語の格助詞〈の〉のはたらきは，ちがっています。たとえば〈祖国の山河〉と〈祖国の統一〉という文の中の格助詞〈の〉のはたらきは，かなりちがっています。前者は，その属性を規定しているし，後者は，その対象を規定しているといえます。このようなちがいは，韓国語の属格〈의〉にもあるのです。では韓国語の属格〈의〉のつかいかたについて，おおまかに説明しましょう。

11.3.1.1. 所属の規定をあらわす場合

この形は属格〈의〉の中でも一番基本的なはたらきをする形です。これは文字通りものごとの所属をあらわす場合のことです。

■例　학교의 운동장

[ha^{kʔ}kjoe undoŋdʒaŋ]

（学校の 運動場）

■例　우리 나라의 배

[uri narae pɛ]

（我が 国の 船）

11.3.1.2. 属性の規定をあらわす場合

사랑의 힘
[saraŋe him]
（愛の 力）
최선의 선택
[tʃʰwesɔne sɔntʰɛᵏ]
（最善の 選択）
희망의 나라
[himaŋe nara]
（希望の くに）

11.3.1.3. 主体をあらわす場合

韓国語の属格〈의〉の形をとる名詞が主体をあらわす場合があります。この場合，かざられ（修飾される）名詞が動作をあらわす名詞，いいかえれば，動詞から派生した名詞がそのほとんどです。

■例 조합의 부름（부르다 よぶ）
[tʃohabe purɯm]
（組合の よびかけ）
■例 선생님의 가르침（가르치다 おしえる）
[sɔnsɛŋnime karɯtʃʰim]
（先生の おしえ）

11.3.1.4. 対象をあらわす場合

この場合も，主体をあらわす場合とおなじく，かざられ名詞が，動詞から派生した名詞になっています。

■例 나라의 통일

[narae tʰoŋil]

（国の 統一）

■例 자본의 축적

[tʃabone tʃʰukˀtʃɔk]

（資本の 蓄積）

11.3.2. 与格の連体形

連体形をつくる名詞の与格には，에의[eɯi]と，에게의[egeɯi]があります。まえにも説明しましたが，에의は不活動体の名詞にくっつく形で，에게의は活動体名詞にくっつく形です。日本語に訳すと〈への〉になります。こうしたくみあわせの形は徐々につかわれなくなってきています。

■例 조합에의 가입 문제

[tʃohabeɯi kaimmunje]

（組合への 加入 問題）

■例 적들에게의 증오심

[tʃɔkˀtɯregeɯi tʃɯŋoʃim]

（敵への 憎悪心）

11.3.3. 造格の連体形

連体形をつくる名詞の造格には로의 [roɯi] / 으로의 [ɯroɯi] があります。まえに説明しましたが，로의は名詞の語幹が母音でおわっている場合につかい，으로의は，名詞の語幹が子音でおわっている場合につかいます。この場合，日本語になおすと

〈での〉や〈への〉になります。

■例 고대 문화로의 초대
[kodɛ mun(h)warowi tʃʰodɛ]
（古代 文化への 招待）

■例 고향으로의 귀환
[ko(h)jaŋɯrowi kwi(h)wan]
（故郷への 帰還）

11.3.4. 共格の連体形

連体形をあらわす共格には，와의 [wawi] / 과의 [kwawi] がありますが와의は名詞の語幹が母音でおわる場合につかわれ，과의は名詞の語幹が子音でおわる場合につかいます。この形は日本語の〈との〉に相当しています。

■例 우리 나라와 중국과의 관계
[urinarawa tʃuŋguᵏˀkwawi kwange]
（わが 国と 中国との 関係）

■例 너와 나와의 사이
[nɔwa nawae sai]
（君と 僕との 仲）

11.3.5. 位格の連体形

連体形をあらわす名詞の位格には，에서의 [esɔwi]，에게서의 [egesɔwi] があります。에서의は不活動体の名詞に，에게서의は活動体名詞にくっつきます。この形は日本語の〈での〉や〈からの〉に相当します。

■例 농촌에서의 생활
[noŋtʃʰonesɔɯi sɛŋ(h)wal]
（農村での 生活）

■例 꽃분이에게서의 편지
[ˀkotˀpuniegesɔɯi pʰjɔndʒi]
（花ちゃん（かわいい人）からの 手紙）

今日では上のような例は，たとえば，꽃분이에게 받은 편지（花ちゃんにもらった手紙）や꽃분이가 준 편지（花ちゃんがくれた手紙）などというようになってきています。

11.3.6. 与造格の連体形

与造格には에로의 [eroɯi] と에게로의 [egeroɯi] があります。에로의は不活動体名詞に에게로의は活動体名詞にくっついていて日本語の〈への〉という意味をあらわします。

■例 프랑스에로의 유학
[pʰɯraŋsɯeroɯi juhak]
（フランスへの 留学）

■例 꽃분이에게로의 편지
[ˀkotˀpuniegeroɯi pʰjɔndʒi]
（花ちゃん（かわいい人）への 手紙）

これらのくみあわせ形も프랑스 유학（フランス留学）や꽃분이에게 보내는 편지（花ちゃんに送る手紙）などの表現のほうが一般的になってきています。

練習問題

(1) a 앞으로의 삼 개년 계획.
b 삼 개년 계획의 달성을 위하여.
c 그는 나라의 평화적 통일을 위하여 온갖 힘을 다 했다.
d 마르크스의 자본론을 한국말로 번역한다.
e 일본어판의 삼국사기.

(2) a 대리석의 기둥.
b 노동조합에의 가입.
c 지부 단장에게의 부탁.
d 청년 학생들에게의 언어 교육.
e 미국에서의 인종의 차별.

(3) a 신문에서의 보도.
b 서울에서의 생활.
c 고향에서의 편지.
d 학교에서의 학습.
e 행복에로의 길.

(4) a 저기 백두산이 보인다.
b 나는 한라산을 본다.
c 나는 금강산을 보고 싶다.
d 한라산을 올라가 보고 싶다.
e 나는 한라산에서 내려왔다.

(5) a 춘하추동을 사계라고 한다.
b 동서남북을 가리켜 사방이라고 한다.
c 나는 서양 요리보다 한국 요리가 좋다.
d 낚시는 바다보다 강이 좋다.

発音のしかた

（1） a [ap^{h}ɯroɯi sam gɛnjɔn ke(h)we^{k}]

b [sam gɛnjɔn ke(h)wegɯi tal^{ʔ}sɔŋɯl wi(h)ajɔ]

c [kɯnɯn narae p^{h}jɔŋ(h)wadʒɔ^{k} t^{h}oŋirɯl wi(h)ajɔ onga^{t} himɯl ta(h)ɛ^{tʔ}ta]

d [marɯk^{h}ɯsɯɯi tʃabonnonɯl hanguŋmallo pɔnjɔk^{h}anda]

e [ilbonɔp^{h}anɯi samguk^{ʔ}sagi]

（2） a [tɛrisɔgɯi kiduŋ]

b [nodoŋ tʃo(h)abeɯi kai^{p}]

c [tʃibu tandʒaŋegeɯi put^{h}a^{k}]

d [tʃ^{h}ɔŋnjɔn hak^{ʔ}sɛŋdɯregeɯi ɔnɔ kjoju^{k}]

e [migugesɔɯi indʒoŋɯi tʃ^{h}abjɔl]

（3） a [ʃinmunesɔɯi podo]

b [sɔuresɔɯi sɛŋ(h)wal]

c [ko(h)jaŋesɔɯi p^{h}jɔndʒi]

d [ha^{kʔ}kjoesɔɯi hak^{ʔ}sɯ^{p}]

e [hɛŋ　bogeroɯi kil]

（4） a [tʃɔgi pɛ^{kʔ}tusani poinda]

b [nanɯn hallasanɯl ponda]

c [nanɯn kɯmgaŋsanɯl pogoʃi^{pʔ}ta]

d [hallasanɯl ollaga bogo ʃi^{pʔ}ta]

e [nanɯn hallasanesɔ nɛrjɔwa^{tʔ}ta]

（5） a [tʃ^{h}un(h)a tʃ^{h}udoŋɯl sagerago handa]

b [toŋsɔ nambugɯl karik^{h}jɔ sabaŋirago handa]

c [nanɯn sɔjaŋ joriboda hanguŋnjoriga tʃot^{h}a]

d [nak^{ʔ}ʃinɯn padaboda kaŋi tʃot^{h}a]

日本語訳

（1） a　これからの 3 カ年計画
　　 b　3 カ年計画の達成のために
　　 c　彼は国の平和的統一のためにあらゆる力をつくした
　　 d　マルクスの資本論を韓国語に翻訳する
　　 e　日本語版の三国史記
（2） a　大理石の柱
　　 b　労働組合への加入
　　 c　支部団長へのたのみ（お願い）
　　 d　青年学生たちへの言語教育
　　 e　米国での人種の差別
（3） a　新聞での報道
　　 b　ソウルでの生活
　　 c　故郷からの手紙
　　 d　学校での学習
　　 e　幸福への道
（4） a　あそこに白頭山がみえる
　　 b　わたしは漢拏山をみる
　　 c　わたしは金剛山をみてみたい
　　 d　漢拏山に登ってみたい
　　 e　わたしは漢拏山からおりてきた
（5） a　春夏秋冬を四季という
　　 b　東西南北をさして四方という
　　 c　わたしは西洋料理より韓国料理がいい
　　 d　魚つりは海より川がいい

第12回

形容詞（その1）述語になる場合

形容詞という単語のグループは，名詞など体言をかざる規定語になったり，文の述語になったりして，名詞などの体言でしめされているものごとの，性質や状態をあらわします。つくり（語構成）の観点から韓国語の形容詞をみれば，だいたいつぎのような種類にわけられます。これからあげる形容詞の例は原形です。

12.1. 形容詞のつくり（語構成）

12.1.1. 本来の形容詞

좋다 [tʃot^{h}a]（よい），검다 [kɔm^{ʔ}ta]（黒い），
붉다 [pu^{kʔ}ta]（赤い），깊다 [ki^{pʔ}ta]（深い），
얕다 [ja^{tʔ}ta]（浅い）

これらの単語をみるとわかるように，本来の形容詞の原形は語幹に다 [ta] という語尾がくっついています。原形のつくりからみれば，먹다 [mɔ^{kʔ}ta]（たべる），잡다 [tʃa^{pʔ}ta]（にぎる），걷다 [kɔ^{tʔ}ta]（あるく），앉다 [an^{ʔ}ta]（すわる）のような動詞とまったくおなじです。

12.1.2. 名詞からつくられる形容詞

名詞にいろんな接尾辞をくっつけて形容詞をつくることができます。よくつかわれる接尾辞には，つぎのようなものがあります。

-하다 [hada],	-스럽다 [sɯrɔ^{pʔ}ta],
-롭다 [ro^{pʔ}ta],	-답다 [ta^{pʔ}ta],
-지다 [tʃida],	-적이다 [tʃɔgida]

12.1.2.1. -하다 [hada]がくっつく場合

용감-하다 [joŋgam-hada]（勇敢だ）
유능-하다 [junɯŋ-hada]（有能だ）
유명-하다 [jumjɔŋ-hada]（有名だ）
유력-하다 [jurjɔ^{k}-k^{h}ada]（有力だ）

この形容詞は용감（勇敢），유능（有能），유명（有名），유력（有力）という名詞にそれぞれ接尾辞하다がくっついてできています。-하다という接尾辞はもともとは〈する〉という意味の動詞です。ですから운동-하다 [undoŋhada]（運動する），사랑-하다 [saraŋ-hada]（愛する）のように動作性の名詞にくっつくと動詞になります。하다がくっついて形容詞になる名詞は，状態をしめしたものになります。

12.1.2.2. -스럽다 [sɯrɔ^{pʔ}ta]がくっつく場合

자랑-스럽다 [tʃaraŋ-sɯrɔ^{pʔ}ta]（誇らしい）
고생-스럽다 [kosɛŋ-sɯrɔ^{pʔ}ta]（くるしい）
자연-스럽다 [tʃajɔn-sɯrɔ^{pʔ}ta]（自然だ）

걱정-스럽다	[kɔkˀtʃɔŋ-sɯrɔpˀta]	（心配だ）

この例でも자랑（誇り），고생（苦労），자연（自然），걱정（心配）などの名詞に-스럽다がくっついて形容詞をつくっています。-스럽다という接尾辞は〈なんらかの性質をもっている〉という意味があります。

12.1.2.3. -롭다 [ropˀta]がくっつく場合

해-롭다	[hɛ-ropˀta]	（害だ）
평화-롭다	[pʰjoŋ(h)wa-ropˀta]	（平和だ）
순조-롭다	[sundʒo-ropˀta]	（順調だ）
자유-롭다	[tʃaju-ropˀta]	（自由だ）

例にあげた해-롭다，평화-롭다，순조-롭다，자유-롭다の해（害），평화（平和），순조（順調），자유（自由）は名詞です。その名詞に-롭다という接尾辞をくっつけて形容詞がつくられているのです。接尾辞-롭다は-스럽다とおなじような意味をもっています。

12.1.2.4. -답다 [tapˀta]がくっつく場合

어른-답다	[ɔrɯn-dapˀta]	（大人らしい）
인간-답다	[ingan-dapˀta]	（人間らしい）
학생-답다	[hakˀsɛŋ-dapˀta]	（学生らしい）
군인-답다	[kunin-dapˀta]	（軍人らしい）

この例もやはり어른（大人）, 인간（人間），학생（学生），군인（軍人）など，おもに人を表す名詞に，接尾辞답다がくっ

ついて形容詞になったものです。-답다という接尾辞は〈似ている，らしい〉というような意味をもっています。

12.1.2.5. -지다 [tʃida]がくっつく場合

모-지다	[mo-dʒida]	（角張っている）
그늘-지다	[kɯnɯl-dʒida]	（かげっている）
기름-지다	[kirɯm-dʒida]	（あぶらっこい）
살-지다	[sal-dʒida]	（ふとっている）

この場合も모（角），그늘（かげ），기름（あぶら), 살（肉）のように，前にある単語は名詞です。その名詞に接尾辞-지다をくっつけて形容詞をつくっているのです。接尾辞-지다は日本語の〈なる，なっている〉という意味にちかいといえます。

12.1.2.6. -적이다 [tʃɔgida]がくっつく場合

민주-적이다	[mindʒu-dʒɔgida]	（民主的だ）
사회-적이다	[sa(h)we-dʒɔgida]	（社会的だ）
인간-적이다	[ingan-dʒɔgida]	（人間的だ）
진보-적이다	[tʃinbo-dʒɔgida]	（進歩的だ）

-적이다という接尾辞は日本語の〈資本主義的〉や〈政治的〉などの〈的〉とおなじような意味です。これらの形容詞も민주（民主），사회（社会），인간（人間），진보（進歩）のような名詞に接尾辞-적이다をくっつけて，形容詞をつくっているのです。

12.1.3. 動詞からつくられた形容詞

미덥다 [midɔ$^{p?}$ta]（信用のおける，信らいできる）

この単語は，믿다という動詞の語幹믿に，接尾辞업がくっついて믿업다となった単語ですが，正書法では発音されるとおりに，미덥다とかくのです。

우습다 [usɯ$^{p?}$ta]（おもしろい，こっけいだ）

この単語も미덥다とおなじく웃다という動詞の語幹に읍という接尾辞をくっつけて웃읍다という単語ができているのです。形態主義のたちばをとるなら，미덥다を믿업다と，우습다を웃읍다とかかなければならないわけなのですが，現行の正書法では우습다，미덥다と発音通り音節単位にかかれています。このような接尾辞をつかった形容詞づくりの方法はいまはつかわれていません。믿업다を미덥다，웃읍다を우습다のようにかくのはそこからきているのです。

12.1.4. 形容詞からつくられた形容詞

깊-숙하다 [kip-$^?$suk^{h}ada]　（深い）
말-쑥하다 [mal-$^?$suk^{h}ada]　（清い，きれい）
높-다랗다 [no^p-$^?$tarat^{h}a]　（高い）

깊-숙하다の깊は깊다（深い）という形容詞の語幹であり，말-쑥하다も実は맑-숙하다で，その맑が形容詞맑다（清い）の語幹です。높-다랗다の높もまた形容詞높다（高い）の語幹で

す。つまりこれらは形容詞の語幹に-숙하다や-다랗다のような接尾辞がくっついてできた形容詞です。これらの接尾辞は形容詞の語幹にくっついて，形容詞のあらわしている性質のつよさ（程度）をしめしているのです。

12.1.4.1. 名詞の語幹に있다や없다がついてできた形容詞

名詞の語幹に있다 [itˀta]（ある）や없다 [ɔpˀta]（ない）をくっつけてつくります。

재미-있다	[tʃɛmi-itˀta]	（おもしろい）
정신-없다	[tʃɔŋʃin-ɔpˀta]	（おちつかない）

形容詞재미-있다の재미は〈おもしろみ，興味〉という意味の名詞です。この名詞の語幹に接尾辞-있다をくっつけて재미-있다（興味ある）という形容詞ができたのです。정신-없다という形容詞も정신（精神）という名詞の語幹に接尾辞-없다（ない）をくっつけて〈おちつかない〉という意味の形容詞がつくられています。있다，없다とこのタイプの形容詞を存在詞とする文法論もあります。

12.1.4.2. 2つの形容詞の語幹がくっついてできた形容詞

この場合，前の方にくる形容詞は語根だけです。

올-바르다	[ol-barɯda]	（正しい）
굳-세다	[kuᵗ-ˀseda]	（かたい，つよい）
검-붉다	[kɔm-bukˀta]	（赤ぐろい）

くわしく説明しますと，올-바르다という単語は옳다（正しい）という形容詞の語根に바르다（まっすぐだ，正しい）がくっついて，옳-바르다ができています。韓国での表記は올바르다とされています。

굳-세다という単語の굳は形容詞굳다という単語の語幹です。その語幹に세다（つよい）という形容詞がくっついて굳-세다（つよい）という意味の形容詞をつくっているのです。

검-붉다の검は形容詞검다（黒い）の語幹です。その語幹に붉다という形容詞がくっついて〈あかい，あかぐろい〉という形容詞をつくっています。

12.2. 形容詞の活用

まえにも説明してあるように，形容詞は規定語（修飾語）にも，述語にもなることができるのですが，ここでは述語になる場合，どのように活用するか説明します。

動詞の活用を思いだしてください。動詞は法（きもち）と時間と階称（ていねいさ）にしたがっていろんな形に変化するでしょう。

形容詞も述語になるときはやはり法や時間や階称にしたがって活用します。第8回86ページでみた，文章につかわれる第4番目の階称の形を例にして，形容詞がつくる時間の形を説明しましょう。

形容詞も動詞とおなじように，話す瞬間からみて現在，過去，先過去，未来の形があります。次の表をみてください。

■ 희다 [hida]（白い）

原　　形	희 - 다	[hi-da]
現 在 形	희 - 다	[hi-da]
過 去 形	희 - 었 - 다	[hi-ɔt-ˀta]
先過去形	희 - 었었 - 다	[hi-ɔˀsɔt-ˀta]
未 来 形	희 - 겠 - 다	[hi-get-ˀta]

＊희は [hɯi] ではなくて，[hi] と発音されます。

動詞には現在形をつくる接尾辞があるので，原形と現在形とはちがっているのにたいし，形容詞の場合は原形と現在形は同じです。

形容詞の過去形は，語幹と語尾とのあいだに過去をしめす接尾辞았，었あるいは였などがはいります。

先過去の場合も，語幹と語尾とのあいだに先過去をしめす接尾辞았었，었었などがはいります。

過去をしめす接尾辞았，었や，先過去をしめす接尾辞았었，었었，였었のつかいわけについては，前にある母音の性質によてつかいわけます。

未来形のつくりかたも，語幹と語尾とのあいだに未来をしめす接尾辞겠をいれてつくります。

■유명하다 [jumjɔŋ-hada]（有名だ）

原　　形	유명 - 하다	[jumjɔŋ-hada]
現 在 形	유명 - 하다	[jumjɔŋ-hada]
過 去 形	유명 - 하였다	[jumjɔŋ-hajɔ$^{t?}$ta]
	유명 - 했다	[jumjɔŋ-hɛ$^{t?}$ta]
先過去形	유명 - 하였었다	[jumjɔŋ-hajɔ$^{?}$sɔ$^{t?}$ta]
	유명 - 했었다	[jumjɔŋ-hɛ$^{?}$sɔ$^{t?}$ta]
未 来 形	유명 - 하겠다	[jumjɔŋ-hage$^{t?}$ta]

유명하다や모지다のような派生形容詞についていえば，この種の形容詞は接尾辞 -하다，-지다，-답다，-스럽다，-롭다が上の表どおりに活用するのです。これらの接尾辞はむしろ形容詞をつくるための補助形容詞といったほうがただしいでしょう。

-지다は -지었다 -지었었다 -지겠다というふうに活用します。したがって모지다は，

> 모지다，모지었다，모지었었다，
> 모지겠다

のように活用するのです。ですが유명-하다（有名だ）の하다という補助形容詞の場合は上の表のように他と少しちがった変化をします。

まえにも説明してあるように，動詞の現在形はㄴ[n]あるいは는 [nɯn] という接尾辞が語幹と語尾のあいだにはいります。

ですから動詞をつくる-하다の現在形は-한다になります。たとえば운동하다（運動する）の現在形は운동-한다になります。ところが유명하다（有名だ）の現在形は유명-하다です。形容詞と動詞と似ているようですが，このようなところにちがいがあります。

現在形とか過去形とか名前はおなじでも動詞とは意味はずいぶんちがうのです。

現在形と過去形は文字通り現在と過去の状態をしめしているのです。ところが先過去形はおなじ過去のことであっても回想的なニュアンスがくわわっています。

未来形は推量的な意味をもったものだと思えばいいでしょう。

次に例をあげておきましょう。

12.2.1. 形容詞が現在形となる場合

한국의 학생들은 용감하다.

[hanguge hak^{ʔ}sɛŋdɯrɯn joŋgam(h)ada]

（韓国の 学生達は 勇敢だ）

나에게는 이 언어가 일본어보다 발음이 어렵다.

[naegenɯn i ɔnɔnɯn ilbonɔboda parɯmi ɔrjɔ^{pʔ}ta]

（私には この 言語が 日本語より 発音が むずかしい）

한국어 문법을 알아 두는 것은 외국어를 배우는 데 유리하다.

[hangugɔ mun^{ʔ}pɔbɯl ara dunɯngɔsɯn wegugɔrɯl pɛunɯn de juri(h)ada]

（韓国語 文法を しって おくことは 外国語を まなぶのに 有利だ）

독일어 문법과 러시아어 문법은 비슷한 곳이 많다.

[togirɔ mun^{ʔ}pɔ^{pʔ}kwa rɔʃiaɔ mun^{ʔ}pɔbɯn pisɯt^{h}an goʃi mant^{h}a]

（ドイツ語 文法と ロシア語 文法は 似ている ところが多い）

12.2.2. 形容詞が過去形となる場合

작년 설은 추웠다.

[tʃaŋnjɔn sɔrɯn tʃ^{h}uwɔ^{tʔ}ta]

（昨年（の） 正月は さむかった）

금년 설은 날씨가 매우 따뜻했다.

[kɯmnjɔn sɔrɯn nal^{ʔ}ʃiga mɛu ^{ʔ}ta^{ʔ}tɯt^{h}ɛ^{tʔ}ta]

（今年の 正月は 天気が とても あたたかかった）

12.2.3. 形容詞が先過去形となる場合

그는 학생 시절에는 아주 우수했었다.

[kɯnɯn hak^{ʔ}sɛŋ ʃidʒɔrenɯn adʒu usu(h)ɛ^{ʔ}sɔ^{tʔ}ta]

（彼は 学生時代には とても 優秀だった）

내가 어렸을 때 이 강물은 맑았었다.

[nɛga ɔrjɔ^{ʔ}sɯl ^{ʔ}tɛ i kaŋmurɯn malga^{ʔ}sɔ^{tʔ}ta]

（私が おさない ころ この 河の水は きれいだった）

12.2.4. 形容詞が未来形となる場合

이 외투는 따뜻하겠다.

[i wet^{h}unɯn ^{ʔ}ta^{ʔ}tɯt^{h}age^{tʔ}ta]

（この コートは あたたかそうだ）

조금만 더 열심히 공부하면 신문을 읽을 수 있겠다.

[tʃogɯmman tɔ jɔl^{ʔ}ʃim(h)i koŋbu(h)amjɔn ʃinmunɯl ilgɯl ^{ʔ}su i^{tʔ}ke^{tʔ}ta]

（もう すこし 熱心に 勉強すれば 新聞が（を）よめ そうだ）

이 책은 재미있겠다.

[i tʃ^{h}ɛgɯn tʃɛmii^{tʔ}ke^{tʔ}ta]

（この 本は おもしろそうだ）

저 자동차는 빠르겠다.

[tʃɔ tʃadoŋtʃ^{h}anɯn ^{ʔ}parɯge^{tʔ}ta]

（あの 自動車は はやそうだ）

形容詞（その2）

前回は，韓国語の形容詞が述語になるとき，時間の観点からどのように活用するか，ということについて説明しました。つぎに形容詞の法（きもち）について説明しましょう。

動詞の法には①直説法，②疑問法，③命令法，④勧誘法の 4 つがありますが，形容詞には基本的に①直説法と②疑問法の 2 つしかありません。では，そのつくりかたとつかいかたについて説明します。

13.1. 形容詞の直説法

形容詞の直説法は，はなし手がことがらをありのままにみとめて，述べる形です。前回とりあげた形容詞の現在，過去，先過去，未来の形が，同時に直説法としてのはたらきをもっています。そのつくりかたについてはすでに説明しましたが，もう一度その例を見ることにしましょう。

■形容詞の直説法

희다[hida]の場合

現　在	희 - 다	[hi-da]
過　去	희 - 었 - 다	[hi-ɔt-ʔta]
先過去	희 - 었었 - 다	[hi-ɔʔsɔt-ʔta]
未　来	희 - 겠 - 다	[hi-get-ʔta]

■例 백두산 봉우리는 언제나 희다.

[pɛkʔtusan poŋurinɯn ɔndʒena hida]

（白頭山（の）峰は いつも 白い）

■例 압록강은 우리나라 강 중에서 가장 길다.

[amnokʔkaŋɯn uri nara kaŋ dʒuŋesɔ kadʒaŋ kilda]

（鴨緑江は わがくに（の）河の 中で もっとも ながい）

13.2. 形容詞の疑問法

疑問法は，ことがらについてきき手に問いかける形です。疑問法のつくりかたは，現在の場合は語幹に냐をくっつけてつくります。過去形，先過去形，未来形の場合は，時間をしめす接尾辞のあとに냐をくっつけてつくります。

■形容詞の直説法と疑問法

時　間	直説法	疑問法
現　在	희 - 다	희 - 냐?
	밝 - 다	밝 - 냐?
過　去	희 - 었 - 다	희 - 었 - 냐?
	밝 - 았 - 다	밝 -았 - 냐?
先過去	희 - 었었 - 다	희 - 었었 - 냐?
	밝 - 았었 - 다	밝 - 았었 - 냐?
未　来	희 - 겠 - 다	희 - 겠 - 냐?
	밝 - 겠 - 다	밝 - 겠 - 냐?

では，直説法と疑問法を1つの表にならべた上の表をみくらべながら，疑問法のつくりかたをおぼえてください。

■例 너는 밤길이 그리도 무섭냐?
[nɔnɯn pam[ʔ]kiri kɯrido musɔmnja]
（君は 夜道が そんなに こわいのか?）

■例 일본에 조선 학교가 삼백 여개나 있었다니 정말 그렇게 많았었냐?
[ilbone tʃosɔn ha[kʔ]kjoga sambɛŋnjɔgɛna i[ʔ]sɔ[tʔ]tani tʃɔŋmal kurɔk[h]e mana[ʔ]sɔnnja]
（日本に 朝鮮 学校が 300 あまりも あっただなんて
ほんとうに そんなに おおかったの?）

さて，形容詞は基本的には直説法と疑問法の2つしかないのですが，〈-하다〉がくっついてできた대담-하다　[tɛdam-hada]

（大胆だ），조용-하다 [tʃojoŋ-hada]（しずかだ）などのような一部の形容詞に，命令形や勧誘法の形がつかわれることがあります。例をみましょう。

法	直説法	命令法	勧誘法
	대담하 - 다	대담하 - 라	대담하 - 자
発音	tɛdam(h)a-da	tɛdam(h)a-ra	tɛdam(h)a-dʒa
意味	大胆だ	大胆であれ	大胆であろう

命令法と勧誘法は，直説法のような，時間にしたがった活用をしません。

■例 그 분은 모든 일에 대담하다.
[kɯ bunɯn modɯn ire tɛdam(h)ada]
（あの 方は あらゆる ことに 大胆だ）

■例 너는 조금 더 자기 자신에게 충실하라.
[nɔnɯn tʃogɯm tɔ tʃagi tʃaʃinege tʃʰuŋʃir (h)ara]
（君は いますこし 自分 自身に 忠実であれ）

動詞が述語になる場合，階称にしたがって活用しましたが，形容詞も動詞とおなじように階称があります。ですから形容詞も階称にしたがって活用します。階称については第 8 回で説明してあります。

形容詞は階称にしたがって，どのように活用するか，表にまとめておきます。この表は，時間や法にしたがう活用もふくんでいますから，述語になる形容詞の基本的な活用をふくんでいるわけです。例語には밝다 [pa^{kʔ}ta]（明るい），희다 [hida]（白い）をもちいます。

-하다，-지다，-스럽다，-롭다のような接尾辞（あるいは単語）がくっついてできている形容詞は，その接尾辞（あるいは単語）をこの表にあわせて活用させるといいわけです。ただ気をつけなければならないのは，-하다がくっついてできた形容詞용감하다（勇敢だ），충실하다（忠実だ）などの過去形は，용감하였다と용감했다との２つの形があるという点です。

하다という動詞，あるいは하다が名詞にくっついてできた形容詞が過去形になる場合は，ふつう，했다の方がよくつかわれ

■形容詞の直説法の活用表

ていねいさ（階称）	語幹	直説法	
		時間	
		現在	過去
第1	희- 밝-	희-ㅂ니다 * 밝-습니다	희-었습니다 밝-았습니다
第2	희- 밝-	희-오 밝-소	희-었소 밝-았소
第3	희- 밝-	희-네 밝-네	희-었네 밝-았네
第4	희- 밝-	희-다 밝-다	희-었다 밝-았다
第5	희- 밝-	희-어 밝-아	희-었어 밝-았어

＊희-ㅂ니다, 희-ㅂ니까は実際には흽니다, 흽니까と書きます。

ています。하였다のほうは，とてもかたい書きことばでのみ用いられます。

つぎに-스럽다，-롭다がくっついて形容詞になる재미스럽다（おもしろい），해롭다（害だ）が過去形になる場合は，재미스러웠다，해로웠다となります。재미스럽었다，해로왔다とはなりません。これは럽다の럽 [rɔ^p] の終声 p（両唇無声閉鎖音）が ß（両唇有声摩擦音）に移行し，さらにそれが半母音の w に移行した結果おこった，歴史的な現象です。現行の音韻法

	疑問法		
	時間		
未来	現在	過去	未来
희-겠습니다 밝-겠습니다	희-ㅂ니까? * 밝-습니까?	희-었습니까? 밝-았습니까?	희-겠습니까? 밝-겠습니까?
희-겠소 밝-겠소	희-오? 밝-소?	희-었소? 밝-았소?	희-겠소? 밝-겠소?
희-겠네 밝-겠네	흰가? 밝-은가?	희-었는가? 밝-았는가?	희-겠는가? 밝-겠는가?
희-겠다 밝-겠다	희-냐? 밝-냐?	희-었냐? 밝-았냐?	희-겠냐? 밝-겠냐?
희-겠어 밝-겠어	희-어? 밝-아?	희-었어? 밝-았어?	희-겠어? 밝-겠어?

則ではありませんので，規則的に活用する집다 [tʃi^{pʔ}ta]（つまむ）では，過去形は집었다で지웠다にはなりません。特殊な変化のケースですからそれぞれおぼえておく必要があります。

いずれにせよ，これらの単語も法や階称の形は時間の接尾辞のあとにくっつけるものとおぼえてください。

13.3. 否定の形

さて，以上で動詞と形容詞とが，熟語になる場合，どのように活用するかおおまかに説明したわけですが，これでも全部とりあげたことにならないのです。というのは，肯定の形だけをとりあげて，否定の形はとりあつかわなかったからです。

英語のように no あるいは not という単語を動詞のまえあるいはうしろにおけば，肯定が否定になるような言語では，否定の形をことさら説明する必要はありません。しかし日本語のように〈行く〉の否定の形は〈行かない〉になり，〈いけ〉の否定の形が〈いくな〉になるような言語では，否定の形を1つ1つおぼえなければなりません。

韓国語の動詞・形容詞の否定の形も，すこしばかりややこしいので，ここで説明しておきます。

韓国語では，否定の形は，2つの方法でつくられます。第1の方法では，動詞・形容詞のまえに아니 [ani] あるいは 못 [mo^{t}] をくっつけて，つくります。아니 [ani] は古風な形で，現在では短縮した안 [an] という形が用いられます。 못のほうはたんなる否定ではなく，不可能（できない）という意味をもっています。ですから，못は，形容詞の否定の形をつくるためには，原則的にもちいられません。次の表をみてください。

■形容詞と動詞の，肯定と否定の形

	肯定の形	否定の形
形容詞	희다（白い）	안 희다（白くない）
動詞	가다（行く）	안 가다（行かない）
		못 가다（行けない）

この안 희다，안 가다を法や時間や階称にしたがって活用させると，それぞれ肯定の形に対する否定の形ができあがります。

第2の方法では，通常の否定には아니하다（短縮した形では않다 [antʰa]），不可能を表すばあいは못하다 [motʰada] という助動詞を動詞・形容詞のあとにおいて，否定の形をつくります。この場合，助動詞のまえにある動詞・形容詞には，語幹のあとに지 [tʃi] という接尾辞をつけます。아니하다は古風な書きことばでのみ用い，話しことば，書きことばとも，ふつうは短縮した않다 [antʰa] のほうを用います。

희지 아니하다 → 희지 않다　（白くない）
가지 아니하다 → 가지 않다　（行かない）
　　　　　　　　가지 못하다（行けない）

否定の助動詞아니하다，않다や못하다が，하다（する）に〈아니〉や〈못〉がくっついてできている単語であることは，すぐにわかります。実際そうです。아니하다は日本語の〈よみはしない〉，〈たべもしない〉の〈しない〉に相当する単語なのです。この日本語を韓国語になおすと，〈읽지는 않는다〉〈먹지도　않는다〉になり，つくりかたまでにています。는は日本語

の〈は〉であり，도は〈も〉にあたります。ちがう点は，動詞・形容詞の語幹に〈지〉という接尾辞がくっつくことです。この接尾辞〈지〉は，動詞や形容詞を名詞化するためのものです。この否定の助動詞を法や時間や階称にしたがって活用させます。

■否定の形の活用

ていねいさ(階称)	語幹	直説法	
		時間	
		現在	過去
第1	아니하- 않-	아니하-ㅂ니다 * 않-습니다	아니하-였습니다 않-았습니다
第2	아니하- 않-	아니하-오 않-소	아니하-였소 않-았소
第3	아니하- 않-	아니하-네 않-네	아니하-였네 않-았네
第4	아니하- 않-	아니하-다 않-다	아니하-였다 않-았다
第5	아니하- 않-	아니해 않-아	아니하-였어 않-았어

*아니하-ㅂ니다，아니하-ㅂ니까?は実際には아니합니다，아니합니까?と書かれます。

	疑問法			
	時間			
未来	現在	過去	未来	
아니하-겠습니다 않-겠습니다	아니하-ㅂ니까?* 않-습니까?	아니하-였습니까? 않-았습니까?	아니하-겠습니까? 않-겠습니까?	
아니하-겠소 않-겠소	아니하-오? 않-소?	아니하-였소? 않-았소?	아니하-겠소? 않-겠소?	
아니하-겠네 않-겠네	아니하-가? 않-은가?	아니하-였는가? 않-았는가?	아니하-겠는가? 않-겠는가?	
아니하-겠다 않-겠다	아니하-(느)냐? 않-(느)냐?	아니하-였(느)냐? 않-았(느)냐?	아니하였(느)냐? 않-겠(느)냐?	
아니하-겠어 않-겠어	아니해? 않-아?	아니하-였어? 않-았어?	아니하-겠어? 않-겠어?	

13.4. 名詞の述語形

ついでに，日本語の〈だ，である〉を韓国語ではどういうか，説明しておきましょう。

名詞を述語にする場合，日本語では文のおしまいに〈だ，である，です〉のようなむすびの単語を用いますが，それとおなじように韓国語では〈다〉をもちいます。たとえば〈あの建物は学校だ〉という文は韓国語では〈저 건물은 학교다〉といい，むすびに〈다〉という語尾をもちいます。この場合，학교-이-다ともいい，학교と다のあいだにつなぎの이をいれます。

■名詞の述語形の活用

ていねいさ（階称）	語幹	直説法		
		時間		
		現在	過去	未来
第1	코- 손-	코입니다 손입니다	코-였습니다 손-이었습니다	코-겠습니다 손-이겠습니다
第2	코- 손-	코-요 손-이오	코-였소 손-이었소	코-겠소 손-이겠소
第3	코- 손-	코-네 손-이네	코-였네 손-이었네	코-겠네 손-이겠네
第4	코- 손-	코-다 손-이다	코-였다 손-이었다	코-겠다 손-이겠다
第5	코- 손-	코-야 손-이야	코-였어 손-이었어	코-겠어 손-이겠어

このつなぎの母音は집-이-다（家だ）のように名詞が子音でおわっている場合はかならずもちいます。名詞が母音でおわる場合はほとんどもちいないのですが，학교-이-다（学校だ）のように，かたい書きことばではつかわれます。基本的に名詞の語幹が子音でおわる場合につなぎの母音（이）がつかわれるとおぼえてください。では，〈この建物は学校であった〉という文は，韓国語ではどういうかといえば〈이 건물은 학교였다〉といい，학교と語尾（다）との間に過去をしめす接尾辞（였）がさしこまれています。名詞述語形の法や時間や階称はこのようにしてつくられるのです。下の表を参照してください。

疑問法		
時間		
現在	過去	未来
코-입니까? 손-입니까?	코-였습니까? 손-이었습니까?	코-겠습니까? 손-이겠습니까?
코-요? 손-이오?	코-였소? 손-이었소?	코-겠소? 손-이겠소?
코-ㄴ가? * 손-인가?	코-였는가? 손-이었는가?	코-겠는가? 손-이겠는가?
코-냐? 손-이냐?	코-였나? 손-이었나?	코-겠는냐? 손-이겠냐?
코-야? 손-이야?	코-였어? 손-이었어?	코-겠어? 손-이겠어?

＊코-ㄴ가?は実際には콘가?と書かれます。

前ページの表を形容詞や動詞の活用表とよくみくらべてください。名詞の法や時間や階称の形はほとんどおなじです。動詞の場合も，階称の第4の形をのぞいては，ほとんどおなじです。

では，名詞の述語形の否定の場合はどうなるかといえば，〈아니다〉（でない，ちがう）という単語を文のおしまいにおきます。この場合述語になっている名詞は，主格とおなじ形をとります。たとえばつぎのようになります。

이 건물은 병원이 아니다.
[i kɔnmurɯn pjɔŋwɔni anida]
（この 建物は 病院（が）で ない）
고래는 물고기가 아니다.
[korɛnɯn mulˀkogiga anida]
（クジラは 魚（が）で ない）

韓国語にふなれな人は，このようないいまわしをふしぎにおもうかもしれませんが，〈あいつは金がない〉といういいまわしにちかいと考えればおぼえやすいでしょう。否定の形の場合は아니다を活用させて，述語となった名詞の法と時間，階称をしめします。〈아니다〉の活用表を次の通りのせておきます。

■否定の아니다の活用

ていねいさ（階称）	直説法		
	時間		
	現在	過去	未来
第1	아닙니다	아니-었습니다	아니-겠습니다
第2	아니-오	아니-었소	아니-겠소
第3	아니-네	아니-었네	아니-겠네
第4	아니-다	아니-었다	아니-겠다
第5	아니-야	아니-었어	아니-겠어

ていねいさ（階称）	疑問法		
	時間		
	現在	過去	未来
第1	아닙니까?	아니-었습니까?	아니-겠습니까?
第2	아니-오?	아니-었소?	아니-겠소?
第3	아니-ㄴ가?	아니-었는가?	아니-겠는가?
第4	아니-냐?	아니-었느냐?	아니-겠느냐?
第5	아니-야?	아니-었어?	아니-겠어?

連体形

14.1. 動詞の連体形

まえの回で，動詞が文のおしまいにきたとき，どういうふうに活用するか説明しました。動詞が文のおしまいにくるときの形を終止形となづけておきましょう。ですが，動詞は文のおしまいにくるだけではなく，文の中の名詞など体言の前にもきて，名詞あるいは数詞，代名詞を修飾します。このときも，動詞はいろんな形に活用します。動詞が名詞のかざりになるときの形を連体形となづけておきましょう。連体形というのは，日本語にもありますので，簡単に理解できます。

> 生きているものでなくっちゃ，こうぴくつく訳がない。しめた，釣れたとぐいぐいたぐり寄せた。（夏目漱石「坊っちゃん」）

この文の中での〈たぐり寄せた〉という動詞は一番おしまいにあるので，終止形なのですが，

> すると今迄だまって聞いていた山嵐がふんぜんとして，起ち上がった。（同上）

という文の中の動詞〈聞いていた〉は，名詞である〈山嵐〉という単語を修飾しているでしょう。このような動詞の形を，連体形というのです。

韓国語では，時間にしたがう変化のしかたが，文末の述語になる場合と文の中で修飾語になる場合とでは，まるっきりちがっているので，動詞の終止形と連体形とは，区別しなければなりません。連体形が終止形とちがっているのは，法と階称と時間とにおいてです。しかし，連体形では，法と階称による活用はかけているともいえます。ですから連体形が終止形からことなるのは，まさに時間にしたがう活用のしかたにおいてであるといえるのです。では，韓国語の動詞の連体形の時間について，ここで説明しておきましょう。

韓国語の動詞の連体形の時間は，現在，第1過去，第2過去，未来に活用します。この活用の形をつぎの表にまとめておきましょう。

■動詞の連体形

時間	接尾辞	例	日本語訳
現在	는	보는 사람 [ponɯn saram]	見る人
第1過去	ㄴ/은	본 사람 [pon saram]	見た人
第2過去	던	보던 사람 [podɔn saram]	見ていた人
未来	을/ㄹ	볼 사람 [pol saram]	見るであろう人

では，これらの形がしめす時間の意味を説明しましょう。連体形の形は，話す瞬間と関係してきまる終止形の形とはちがって，文の述語となる終止形の時間とも関係してきまります。

14.1.1. 動詞の現在の連体形

그 날，밤은 깊었는데 멀리서 닭이 우는 소리와 개 짖는 소리만이 들렸다.
（その 日 夜は ふけていたが，遠くから 鶏が なく 声と 犬の ほえる 声だけが きこえた）

このような文では，連体形の動詞우는（なく）や짖는（ほえる）は，現在の形がつかわれています。終止形の動詞들렸다（きこえた）は，過去の形がつかわれています。この場合，連体形の現在の形である우는（なく）や짖는（ほえる）は，文字通り現在をしめしているのではなく，終止形の動詞들렸다（きこえた）がしめしている動作のおこなわれた時間とおなじ時に，連体形でしめされている우는（なく），짖는（ほえる）という動作がおこったことをしめしています。簡単にいえば，ないたりほえたりする動作がおこなわれているときと，きこえるという動作がおこなわれているときとがおなじであることをしめしています。つまり，同時性をしめしているといえるのです。

물레방아간 옆에 어떤 여자 하나와 어떤 남자 하나가 서서 이야기를 하는 소리가 들리었다.

（水車小屋の よこに ある 女 1人と ある 男 1人が 立って，話を している 声が きこえた）

14.1.2. 動詞の第1過去の連体形

過去の形になっている連体形が，時間の上でどんな意味をもっているかといえば，終止形でしめされている動作に先だっておこなわれた動作をしめします。いいかえれば，連体形の過去は先行性をしめすものなのです。例をみましょう。

그에게 받은 책은 벌써 다 읽었다.

（彼から（に） もらった 本は，すでに みんな よんだ）

このような文では얻은（もらった）という動作は읽었다（よんだ）という動作よりも先におこなわれています。つまり，읽었다（よんだ）という動作よりも先行していることをあらわしているのです。そしてまた，この過去形は同時性をもしめすことができます。たとえば，

짐을 잔뜩 실은 수레가 삐걱 삐걱 소리를 내면서 그의 앞을 지나갔다.

（荷物を いっぱい 積んだ 荷車が，ギシギシ 音を たてながら 彼の 前を 通りすぎた）

このような文の場合では，실은（積んだ。原形は싣다）という過去の連体形は지나갔다（通りすぎた）という動作がおこなわれるときの状態をしめしています。連体形の過去が状態の同時性をもしめすことができるのは，타다（のる），앉다（すわる），입다（着る）のような瞬間性の動詞が連体形になる場合にかぎられています。例えば次のような例がそうです。

> **새 교복을 입은 학생이 교문을 들어왔다.**
> （新しい 制服を 着た 学生が，　校門を 入ってきた）

14.1.3. 動詞の第2過去の連体形

ところが荷をつんだ牛車が通りすぎたという文を第2過去形をつかっていいあらわすと，

> **짐을 싣던 소달구지가 지나갔다.**
> （荷を つんでいた 牛車が 通りすぎた）

となって，通りすぎるときは，その牛車が荷物を積んでいるかいないかということには関係なく，ただ，積むという動作がその動作について話している瞬間より以前にあったということだけをあらわしているのです。したがって，第2の過去は過去におこった動作が問題になった場合にだけつかわれます。例をあげておきましょう。

> **부엌에서 밥을 짓던 아내는 방으로 들어왔다.**
> （台所で ご飯を つくっていた 妻は 部屋に 入ってきた）

14.1.4. 動詞の未来の連体形

動詞の未来の連体形は，終止形でしめされている動作のあとでおこる動作をしめしています。例文をみましょう。

아내에게 말할 용기를 주었다.
（妻に 話す 勇気を あたえた）

この文の말할（はなす）という動作は，まだおこなわれていません。ただ「話す勇気をあたえた」だけです。

そしてまた，この未来の形は，時間的に，未来をあらわすほかに，推量の意味をもあらわすことがあります。

오늘 잡을 물고기를 상상했다.
（今日 とれるであろう 魚を 想像した）

未来の形になっている連体形のあとに，때（とき，場合）시간（時間），무렵（ころ），동안（あいだ）などのような時間をあらわす名詞がくるようなとき，連体形になっている未来の形がもつ時間の意味は，単に未来をしめすだけでなく，現在の意味にも，過去の意味にもつかわれています。

내가 그와 친하게 된 것은 초등학교에 다닐 때라고 기억하고 있다.
（私が 彼と 親しく なった のは 小学校に 通っている とき だと 記憶して いる）

14.2. 形容詞の連体形

形容詞の連体形は，動詞の連体形とおなじく，形容詞が文の中の名詞のまえにきて，名詞や数詞，代名詞を修飾するときの形です。そして，形容詞の連体形も動詞の連体形とおなじように，時間にしたがって変化します。では，韓国語の形容詞の連体形の時間について説明しましょう。

韓国語における形容詞の時間は，現在，過去，未来に活用します。この活用の形を，つぎの表におさめておきます。

■形容詞の連体形

時間	接尾辞	例	日本語訳
現在	ㄴ/은	용감한 사람 [joŋgam(h)an saram]	勇敢な人
過去	던	용감하던 사람 [joŋgam(h)adɔn saram]	勇敢だった人
未来	ㄹ/을	용감할 사람 [joŋgam(h)al saram]	勇敢であろう人

では，これらの形がもっている時間の意味について説明しましょう。

14.2.1. 形容詞の現在の連体形

連体形になっている形容詞の現在形は，終止形でしめされている状態や動作が，同時におこっていることをあらわしています。例をみましょう。

깊은 밤에 마을로 내려왔다.
（夜ふけに 村へ 下って 来た）

この文では，내려왔다（下って来た）という動作がおこなわれている瞬間が，ちょうど깊은 밤（深い夜）なのです。

14.2.2. 形容詞の過去の連体形

形容詞の連体形でしめされる性質が，終止形でしめされる動詞の動作あるいは状態よりも，まえにあったということをあらわしています。つぎの文をみてください。

그렇게 곱던 꽃이 어제 분 바람 때문에 꽃잎은 다 떨어져 버렸다.
（あんなに 美しかった 花が， きのう ふいた 風の せいで，花びらは みんな ちって しまった）

14.2.3. 形容詞の未来の連体形

連体形になっている形容詞の未来の形は，未来という時間そのものの意味より，推量や可能性などをあらわしているといえます。

이 응용 문제는 쉬울 것 같이 보였다.
（この 応用問題は やさしそうに みえた）

この，推量や可能性の意味をあらわす接尾辞は，時間をあらわす名詞때（とき，場合），시간（時間），동안（あいだ）などのまえにつかわれることが非常に多いのです。

춥고 눈이 많은 지방에 사는 사람들은 따뜻할 동안에 많은 일을 한다.

（さむく 雪の 多い 地方に 住んでいる 人々は あたたかい うちに たくさんの 仕事を する）

第15回

動詞の相

15.1. 動詞の相の一般的な概念

これまでは，動詞が法（きもち）や時間や階称にしたがって，いろんな形に活用するということを説明しました。こんどは，動詞の相について説明します。まず，動詞の相についての一般的な概念を，日本語を例にして，理解していただくことにします。

相というのは，動詞の文法的な形の1つであって，主体・客体と動作との関係を表現しています。主体というのは，動作をおこなうもののことで，客体というのは，動作のはたらきかけをうけるもののことです。たとえば，〈ブルドーザーは木をたおした〉という文では〈ブルドーザー〉は動作の主体であって，〈木〉は動作の客体です。ところが，この文でいいあらわしている意味は〈木はブルドーザーにおしたおされた〉ともいえます。まえの文とくらべると，すぐわかることですが，あとの方の文では，動作のはたらきかけをうける客体は主語によって表現されています。そして〈おしたおす〉という動詞は，〈おしたおされる〉という形に変化しています。この〈おしたおされる〉という形を被動（うけみ，受動）とよんでいることは，もう，みなさんはごぞんじでしょう。この被動の形にたいして〈おしたおす〉という形は，能動とよんでいます。

また，私たちは〈先生は生徒に本をよませる〉というような文をつくることがあるでしょう。このばあい，本をよむという動作の主体は〈生徒〉です。〈先生〉はその主体（生徒）によむという動作をおこすように刺激をあたえる人です。このような文では，動詞〈よむ〉は〈よませる〉という形に変化しています。この形を使動（使役）といいます。

そのほか，日本語には可能という動詞の相の形があります。たとえば〈本がよめる〉という文のなかの〈よめる〉という形。このような能動被動，使動，可能などの動詞の形をひっくるめて，文法学では相（そう），あるいは態（たい）とよんでいます。

15.2. 他動詞と自動詞

この講座では，韓国語の動詞には，どういう相があるか，相はどんな形で表現されているかを説明しますが，そのまえに，他動詞，自動詞という概念をしってもらわなければなりません。

動詞が，どんな動作をあらわしているかということで他動詞と自動詞とにわかれるということは，もうみなさんもよくしっていることです。他動詞はなんらかの対象にはたらきかける動作をいいあらわしています。たとえば，때리다（たたく），입다（着る），읽다（よむ），팔다（うる），보다（見る）というような動詞は他動詞です。ところが自動詞は，空間的な，あるいは生理・心理的な状態などをしめしていて，対象にはたらきかけることはしません。たとえば，울다（なく）とか앓다（病む），날다（とぶ），뛰다（はねる）などの動詞が自動詞です。

他動詞と自動詞のこのようなちがいは，たんに，動詞の意味上のちがいではなく，文法上のちがいでもあります。たと

えば，他動詞は対象をしめす対格の名詞とくみあわさることができますが，自動詞にはそういう能力はありません。おなじ動作が他動詞でも，自動詞でも表現されているばあい，つまり，他動詞と自動詞とが対（つい）になっているばあいをとりあげると，文法上のちがいがはっきりします。たとえば，韓国語では〈なぐる〉ということを때리다といい，〈なぐられる〉ということを맞다というのですが，これらの動詞で文をつくると인동이는 봉선이를 때렸다(インドンイはポンソニをなぐった)，봉선이는 인동이에게 맞았다(ポンソニはインドンイになぐられた)のようになり，動作とその主体・客体との関係がことなって文法的に表現されます。つまり，他動詞と自動詞とのちがいは，相の問題でもあるのです。もともと韓国語には他動詞と自動詞の区別がまずあって，そのちがいの上にあたらしく単語つくりの手つづきをつかって，いろんな相の動詞の形がつくりだされていくのです。

15.3. 相のつくりかた

韓国語の動詞の相をつくるためには, 이 [i]，히 [hi]，기 [ki]，리 [ri]，이우 [iu]，우 [u]，などの接尾辞があります。これらのうち，どの接尾辞をえらぶかということは，動詞の語幹のおしまいの音韻(おんいん)によってきまります。そして特殊なばあいをのぞけば，これらの接尾辞は相の特殊な意味を表現していません。おなじ接尾辞が被動をあらわしたり, 使動をあらわしたりします。ですから，まず，相のつくりかたをおぼえておいてください。

15.3.1. 接尾辞이の場合

接尾辞이は語幹が子音ㄱ，ㄲ，ㅎ，ㅍ，ㄼ，ㄾでおわる場合と，이をのぞくほかの母音でおわる場合につかわれます。例をあげましょう。

먹다　　먹-이-다
（たべる）　（たべさせる）
낚다　　낚-이-다
（つる）　（つれる，つられる）
놓다　　놓-이-다
（置く）　（置かれる）
덮다　　덮-이-다
（かぶせる）　（かぶさる）
보다　　보-이-다
（見る）　（見られる，見える，見せる）

15.3.2. 接尾辞히の場合

接尾辞히は語幹のおしまいの音韻がㄱ，ㅂ，ㄼ，ㄺ，ㄵでおわっている場合につかわれます。

먹다　　먹-히-다
（たべる）　（たべられる）
입다　　입-히-다
（着る）　（着せる）
밟다　　밟-히-다
（ふむ）　（ふまれる）
읽다　　읽-히-다
（よむ）　（よませる，よまれる）

얹다 （のせる）	얹-히-다 （のせられる）

語幹のおしまいの音韻のㄱのあとには이がつかわれたり，히がつかわれたりしていることに気をつけてください。

15.3.3. 接尾辞기の場合

接尾辞기は語幹のおしまいの音韻がㅁ，ㄻ，ㄴ，ㅅ，ㄷ，ㅌ，ㅈ，ㅊでおわっている場合につかわれます。

옮다 （うつる）	옮-기-다 （うつす）
신다 （はく）	신-기-다 （はかせる）
벗다 （ぬぐ）	벗-기-다 （ぬがせる）
쫓다 （おう）	쫓-기-다 （おわれる）

15.3.4. 接尾辞리の場合

接尾辞리は語幹のおしまいの音韻がㄹ，ㅀの場合につかわれます。

걸다 （かける）	걸-리-다 （かかる）
뚫다 （あける，穴を）	뚫-리-다 （あけられる）

15.3.5. 接尾辞이우の場合

接尾辞이우は語根のおしまいの音韻が이以外の母音がくる場合につかわれます。

뜨다 →　　뜨-이우-다 →　　띄우다
（うく）　　　　　　　　　（うかべる）
쓰다 →　　쓰-이우-다 →　　씌우다
（かぶる）　　　　　　　　（かぶせる）

15.3.6. 接尾辞우の場合

接尾辞우は語根のおしまいの音韻が이でおわるばあいにつかわれます。

끼다　　끼-우-다
（はさむ）　（はさませる，はさむ）

以上のように接尾辞がたくさんあってやっかいですが，実は，これらの接尾辞は이と이우という 2 つの系列のうちのいずれかの変種です。それを表にまとめてみましょう。

第1の系列	이 の系列 기, 히, 리
第2の系列	이우 の系列 우

15.4. 接尾辞と相

15.4.1. 自動詞に相の接尾辞がくっついた場合

もともと自動詞のまえにあげた接尾辞がくっつくと，その自動詞は（特殊な場合をのぞけば）他動詞になります。たとえば

아이가 웃는다（子供が笑う）という文の웃는다は自動詞です。ところが웃는다という自動詞に，相の接尾辞기を入れて아이를 웃긴다（子供を笑わせる）という文になおすと，웃는다は 웃긴다となって他動詞になります。

인동이가　아이를　울린다（インドンイが子供を泣かせる）というような文では，動作をおこなうものは主語（인동이）でなく，対格の形をとる補語（아이를）によって表現されています。主語は〈泣く〉という動作を刺激し，さそいだす人をさしています。こういう点から見れば，自動詞に上の接尾辞がくっつくと，動詞が使動（使役）的な意味をおびてきます。

15.4.2. 他動詞に相の接尾辞がくっついた場合

他動詞に相の接尾辞をくっつけると動詞は，まず第1に使動（使役）の意味をおびてきます。たとえば 나는　책을　읽는다（私は本をよむ）という文を 나는　그에게 책을 읽힌다（私は彼に本をよませる）となおすと, 읽는다（よむ）が읽힌다（よませる）となって使動（使役）の意味をもちます。つぎに, 被動（受身）の意味をもつことがあります。たとえば 개가 영춘이를 문다（犬がヨンチュニをかむ）という文を 영춘이가 개에게 물린다（ヨンチュニが犬にかまれる）のようになおすと，문다（かむ）は 물린다（かまれる）となって，被動をあらわしています。第3に，自動詞化することがあります。たとえば 문을 연다（戸をあける）という文を 문이 열린다（戸があく）という文になおすと，열다（あける）が열리다（あく）となって，あるものが戸にはたらきかけなくても自然にあくという意味になって，自動詞になります。そしてこの文を이 문은 열린다（この戸はあく）のようにつくりかえると，열린다（あく）は可能の意味をあらわします。

15.4.3. おなじ1つの接尾辞が，使動（使役）をあらわしたり，被動（受身）をあらわしたりする場合

以上の例であきらかなように相をつくる接尾辞は特定のものが特定の意味をあらわしているわけではありません。相をあらわす1つの接尾辞が，使動をあらわしたり，被動をあらわしたりすることがあります。例をあげましょう。

업다　업-히-다
（おう）（おわれる，おわせる）
물다　물-리-다
（かむ）（かませる，かまれる）
안다　안-기-다
（だく）（だかせる，だかれる）
보다　보-이-다
（見る）（見せる，見られる，見える）
핥다　핥-이-다
（なめる）（なめさせる，なめられる）

日本語の〈かむ〉という動詞は〈かまれる〉〈かませる〉のように受身と使役との形がはっきりわかれているのですが，このような言葉になれているみなさんには，韓国語のこのような表現がむずかしく思えるでしょう。しかし，そうむずかしいことはありません。動詞そのものの形には区別がないとしても，文全体の構造からみればすぐわかることです。単語というものはかならず文の中で一定の条件のもとにつかわれるものです。だから文全体の構造からみれば，きわめて簡単に区別できます。たとえば，그는 동생에게 아이를 업힌다（彼は弟に子供をおわせる）という文の主語〈그는〉は，子供をおうようにしむ

けた人をあらわして，업히다という動作の主体は与格の形をとった名詞동생（弟）でしめされています。したがって，この文の中の動詞は업히다で，使動（使役）です。ところが，아이는 동생에게 업힌다（子供は弟におわれている）という文では，〈おう〉という動作のはたらきかけをうける客体は，主語でしめされています。したがってこの文の업히다という形は被動の意味をもっています。こうしたことから업히다は文全体のなかで受身の意味をもっているか，使役の意味をもっているか，ということをあきらかにすることができます。

15.4.4. 使動と被動の形がちがう場合

では，韓国語の動詞には使動と被動の形態上の区別がまったくないのかといえば，そうではありません。韓国語の動詞にもそれを区別してつかわれようとするものもあります。たとえば먹다（食う）に対する使動は먹이다（食わせる）という形があり，먹히다（食われる）という被動の形があります。次のような例もあります。

	使動	被動
뜨다 （うく）	띄우다 （うかべる）	뜨이다 （うかせる）

-하다という動詞つくりの接尾辞でできている漢語動詞では被動は되다という接尾辞がつかわれ，使動は시키다という接尾辞がつかわれます。ここでは能動，使動，被動の意味がはっきり形の上に表現されています。ですからそのかぎりでは，韓国語の動詞には他動詞と自動詞のほかに被動，使動の形があるといえるわけです。ですが漢語ではなく，固有語の動詞について

は被動，使動の形があるとはいいきれないでしょう。例をあげておきましょう。

	使動形	被動形
해방하다 （解放する）	해방시키다 （解放させる）	해방되다 （解放される）
결합하다 （結合する）	결합시키다 （結合させる）	결합되다 （結合される）
무장하다 （武装する）	무장시키다 （武装させる）	무장되다 （武装される）
논증하다 （論証する）	논증시키다 （論証させる）	논증되다 （論証される）
증가하다 （増加する）	증가시키다 （増加させる）	증가되다 （増加される）

みなさんは助詞の相をめぐって，韓国語と日本語をくらべてみると，それぞれの言語の独特の法則があるのにおきづきでしょう。韓国語と日本語とは文法的にはおなじだというふうにかんたんに理解してはいけません。

第16回

動詞の接続形（その1）

まえの回では，動詞が述語になる場合の形（終止形），規定語になる場合の形（連体形）を説明しました。こんどは，動詞の接続形を説明します。この接続形のはたらきはいろいろあって，一般的にいいますと，つぎのようになります。例に日本語をつかっておいた方がてっとりばやく概念がつかめるでしょう。

16.1. 接続形のはたらき

16.1.1. 述語（多くのばあい動詞でできている）と それにさきだつ動詞との関係をしめす

たとえば〈あの娘はきものをきてげたをはいている〉という文では〈きて〉という動詞の形が接続形であって，このばあい〈きて〉は述語の〈はいている〉とおなじはたらきをしていることをしめしています。ですが，〈彼は酒をのんで酔った〉という文では〈のんで〉という接続形は〈酔った〉という述語にたいして原因をしめすはたらきをもっています。また〈彼はいそいであるいた〉という文では〈いそいで〉という〈いそぐ〉の接続形は，述語の〈あるいた〉を副詞のように規定しています。このように動詞の接続形というのは，述語に対する動詞の関係をいろいろと表現しているのです。

16.1.2. 文と文との関係をしめす

日本語でも2つの文をならべるばあい，まえの文を接続形にして，1つのこみいった文にまとめてしまいます。たとえば〈妹はあそび，兄はしごとをする〉というぐあいに。こういうばあいは，2つの文の関係は並列的ですが，たいていのばあいは，1つが主文になり他が従文になるという関係ができています。たとえば〈雨がふれば，あすの遠足はとりやめだ〉という文では，述語が接続の形をとっているまえの文〈雨がふれば〉は〈あすの遠足はとりやめだ〉というあとの文にたいして条件をしめしています。こんなふうに動詞の接続形は，複文のなかにおける文と文との関係をしめすはたらきをもっています。

では，韓国語の動詞にはどんな接続形があるか1つ1つあげて，そのつかいかたを説明しましょう。

16.2. 語幹に-고がついた形

動詞の語幹に-고という語尾をくっつけて，もっとも多くつかわれる接続形がつくられます。たとえば,

보다 → （みる）	보고 （みて）	자다 → （ねる）	자고 （ねて）
잡다 → （つかむ）	잡고 （つかんで）	입다 → （きる）	입고 （きて）

この接続形のつかいかたは，日本語の〈して〉〈よんで〉〈かいて〉〈あそんで〉という形ににています。おおまかに説明しますと，つぎのようになります。

16.2.1. -고による並列（ならべ）

ある主体の 2 つあるいはそれ以上の動作をおなじ資格でならべたてる場合。

■例 **정부는 농민에게 토지를 주고 노동자들에게 직장을 주었다.**

[tʃɔŋbunɯn noŋminege t^{h}odʒirɯl tʃugo nodoŋdʒadɯrege tʃi^{kʔ}tʃaŋɯl tʃuɔ^{tʔ}ta]

（政府は農民に土地をあたえ，労働者たちに職場をあたえた）

■例 **청년들은 야간학교에서 글을 배우고 노래를 배우고 춤을 배웠다.**

[tʃ^{h}ɔŋnjɔndɯrɯn jagan(h)a^{kʔ}kjoesɔ kɯrɯl pɛugo norɛrɯl pɛugo tʃ^{h}umul pɛwɔ^{tʔ}ta]

（青年達は夜学で字をならい，うたをならい，おどりをならった）

2つの文をおなじ資格でならべる場合にも，やはりこの形がもちいられています。

■例 **형님은 공장으로 가고 나는 학교로 간다.**

[hjɔŋnimɯn koŋdʒaŋɯro kago nanɯn ha^{kʔ}kjoro kanda]

（兄さんは工場へ行き，私は学校へ行く）

■例 개는 마당에서 멍멍 짖고 소는 외양간에서 음매 하고 울었다.

[kɛnɯn madaŋesɔ mɔŋmɔŋ tʃi^{tʔ}ko sonɯn wejaŋ^{ʔ}kanesɔ mɛ hago urɔ^{tʔ}ta]

（犬は庭でワンワンほえ, 牛は小屋でモーとないた）

16.2.2. -고による先行

この形は，ある動作にたいして先行していることをあらわします。つまり接続形でしめされる動作が，述語になる動詞でしめされる動作にさきだっておこるわけなのです。

■例 그는 옷을 입고 구두를 신고 밖으로 나갔다.

[kɯnɯn osɯl i^{pʔ}ko kudurɯl ʃin^{ʔ}ko pa^{ʔ}kɯro naga^{tʔ}ta]

（彼はきものをき, くつをはいて, そとへでた）

■例 옥순이는 이를 닦고 세수를 했다.

[ok^{ʔ}suninɯn irɯl ta^{kʔ}ko sesurɯl hɛ^{tʔ}ta]

（玉順は歯をみがいて, 顔をあらった）

2つの文で表現される，ちがったできごとの時間的継続をしめすためにも，この形がもちいられます。

■例 어느새 해가 지고 먼 산 너머에 둥근 달이 뜬다.

[ɔnɯ sɛ hɛga tʃigo mɔn san nɔmɔe tuŋgɯn tari ^{ʔ}tɯnda]

（いつのまにか太陽がしずみ, 遠い山のむこうにまるい月がのぼる）

■例 봄은 지나가고 여름이 다가온다.

[pomɯn tʃinagago jɔrɯmi tagaonda]

（春はすぎて, 夏がちかづいてくる）

16.2.3. -고による様態（ありさま）

この接続形は以上のような並列や先行の意味からずれて，あとにつづく動作の様態を規定するようになることがあります。

■例 그는 언제나 가슴을 펴고 걸었다.

[kɯnɯn ɔndʒena kasɯmɯl p^{h}jɔgo kɔrɔ^{tʔ}ta]

（彼はいつも胸をはってあるいた）

-고がついた接続の形にはだいたい以上のような3つの意味があるわけなのですが，そのうち，第1にあげた並列の意味につかう場合には，語幹と語尾-고とのあいだに時間をしめす接尾辞をはさみこめば，時間の形ができあがります。

原形	現在	過去	先過去	未来
보다	보-고	보-았-고	보-았었-고	보-겠-고

■例 어제는 미술 시간에 그림을 그렸고 오늘은 문학 시간에 작문을 지었다.

[ɔdʒenɯn misul ʃigane kɯrimɯl kɯrjɔ^{tʔ}ko
onɯrɯn mun(h)a^{k} ʃigane tʃaŋmunɯl tʃiɔ^{tʔ}ta]

（きのうは美術の時間に絵をかいたし, きょうは文学の時間に作文をかいた〈つくった〉）

16.3. 語幹に-며/-으며がついた形

語幹に-며/-으며がくっついてできあがった接続形は，まえにあげた接続形とほとんどおなじようなはたらきをもっています。-며/-으며の場合も，並列，先行，様態をしめすはたらきがあります。

16.3.1. -며/-으며による並列（ならべ）

■例 그 처녀는 언제나 저고리를 입었었으며 머리를 곱게 땋았었다.

[kɯ tʃʰɔnjɔnɯn ɔndʒena tʃɔgorirɯl ibɔˀsɔˀsɯmjɔ mɔrirɯl koᵖˀke ˀtaaˀsɔᵗˀta]

（あのむすめはいつもチョゴリをきていたし，かみ（頭）をきれいにあんでいた）

■例 그들은 이 밭에 논을 풀며 벼를 심는다.

[kɯdɯrɯn i patʰe nonɯl pʰulmjɔ pjɔrɯl ʃimnɯnda]

（彼らはこのはたけをたんぼにし（つくり），稲をうえる）

-고の場合とおなじように，2つの文をおなじ資格でならべるときにもこの形がつかわれます。

■例 어부는 바다에서 물고기를 잡으며 농부는 논에서 논을 간다.

[ɔbunɯn padaesɔ mulˀkogirɯl tʃabɯmjɔ noŋbunɯn nonesɔ nonɯl kanda]

（漁夫は海で魚をとり，農夫はたんぼで田をたがやす）

16.3.2. -며/-으며による先行

■例 농민은 봄에 씨를 뿌리며 가을에 추수를 한다.

[noŋminɯn pome ˀʃirɯl ˀpurimjɔ kaɯre tʃʰusurɯl handa]

（農民は春に種をまき，秋にとりいれをする）

16.3.3. -며/-으며による様態

■例 개는 꼬리를 흔들며 사냥군을 따라갔다.

[kɛnɯn ˀkorirɯl hɯndɯlmjɔ sanjaŋˀkunɯl ˀtaraga^{tʔ}ta]

（犬はしっぽをふりながら，かりうどについていった）

このかぎりでは-고をつかっても-며をつかってもいいのですが，-며にはこのような意味のほかに同時性をもしめします。

-며の形には，ちょうど日本語の〈よみながら〉〈かきながら〉の〈ながら〉にちかい意味があるのです。

16.4. 語幹に-아/-어あるいは-여がついた形

語幹に-아/-어あるいは-여がくっついた接続形にはつぎのようなはたらきがあります。

16.4.1. -아/-어あるいは-여による先行

-아/-어の形には-고や-며の形がもっている先行の意味がありますが，-아/-어の場合はその先行の意味がきわめてはっきりしています。つまり第1の動作がおわってしまってから第2の動作がはじまるというような場合に，この-아/-어の形がつかわれます。日本語の〈よんでから〉〈たべてから〉〈あそんでか

ら〉という形がもつ意味にちかいのです。

-고や-며の形がもっている先行の意味は，並列の意味から派生したもので，基本的ではありません。ですから，-고や-며は並列をあらわし，-아/-어は先行をあらわすというように理解していただけばいいわけです。

■例 아，그건 선생님한테 가서 물어보세요.

[a kɯgɔn sɔnsɛŋnim(h)antʰe kasɔ murɔbosejo]

（あ、それは先生（のところ）に行って，聞いてみてください）

先行をしめすというこのはたらきから，原因をしめすというはたらきがうまれています。つまりある1つの動作が他の動作の原因になっているような場合，原因になっている動作が-아/-어の形でしめされるわけなのです。

16.4.2. -아/-어あるいは-여による原因

■例 그 사람은 병에 걸려（걸리어）죽었다.

[kɯ saramɯn pjɔŋe kɔlljɔ tʃugɔtˀta]

（あの人は病気にかかってしんだ）

16.4.3. -아/-어あるいは-여による目的

-아/-어の形をとる動詞がある種の心理動作をしめしている場合には，目的の関係をあらわします。

■例 나는 책을 찾아 하루 종일 걸었다.

[nanɯn tʃʰɛgɯl tʃʰadʒa haru dʒoŋil kɔrɔtˀta]

（私は本をもとめて一日中あるいた）

16.4.4. -아/-어あるいは-여による様態

-아/-어の形でしめされる動作が他の動作のありさまを特徴づける場合があります。

■例 계곡의 맑은 물은 돌고 돌아 밀림 사이로 흘러간다.

[kegoge malgɯn murɯn tolgo tora millim sairo hɯllɔganda]

（渓谷のきれいな水は，まわりまわって密林の間にながれて行く）

16.5. 語幹に-고서，-면서/-으면서，-아서/-어서がついた形

おおまかにいえば-고，-며，-아/-어の形に-서がくっついてそれぞれの意味を強調しているというふうにかんがえればいいわけなのですが，単に強調するだけではなく，多少意味がちがってきますので説明しておきます。

16.5.1. 語幹に-고서がついた形

-고の形がもっているその先行性の意味をはっきりさせるために-고서の形がもちいられます。

■例 너는 방금 사과를 먹고서 또 무엇을 달라느냐.

[nɔnɯn paŋgɯm sagwarɯl mɔ$^{k?}$kosɔ $^{?}$to muɔsɯl tallanɯnja]

（君はいまリンゴをたべたのに，またなにをくれというのだ）

16.5.2. 語幹に-면서 / -으면서がついた形

-면서/-으면서がくっついてできている接続形は同時性，つま

り２つの動作が同時におこることをしめしているのですが，この場合も-며の形がもっている同時性の意味をはっきりさせるためにもちいられます。

■例　그는 배우면서 일하고 일하면서 배운다.
[kɯnɯn pɛumjɔnsɔ ir(h)ago ir(h)amjɔnsɔ pɛunda]
（彼はまなびながらはたらき，はたらきながらまなぶ）

16.5. 3. 語幹に-아서 /-어서 /-여서がついた形

-아서/-어서の形は-아/-어とほとんどおなじような意味にもちいられます。ただ-아서/-어서には強調の意味があります。

■例　그는 그 먼 길을 걸어서 떠났다.
[kɯnɯn kɯ mɔn kirɯl kɔrɔsɔ ˀtɔnaᵗˀta]
（彼はあの遠い道をあるいてたった（出発した））

これらの接続形のつかいかたに注意しなければならないのは，はじめにあげている1番目の意味をたいせつにすることです。2番目にあげている意味は1番目にあげている意味から派生した副次的なものであって，1番目の意味とくいちがってはつかえないからです。たとえば，병에 걸려 죽었다という-아/-어の原因をしめすというはたらきは，この形の先行性の意味からかけはなれてはありえないのです。したがって，병에 걸려（걸리어） 죽었다という文の中にある-아/-어という形をとった動詞のはたらきを先行性だと理解してもまちがいにはならないのです。

第17回

動詞の接続形（その2）

17.1. 動詞の語幹に-다가がついてできた接続形

動詞の語幹，たとえば놀다の놀-に-다가をつけると，놀다가という形の接続形ができます。この接続形のはたらきは，この形でしめされる動作が終止形でしめされる動作によって中断されることを表現しています。

■例 아내가 나간 뒤에 나는 아내가 먹다가 던진 것을 찾으려고 아궁이를 뒤지었다.
(최서해《탈출기》)
[anɛga nagan twie nanɯn anɛga mɔkˀtaga tɔndʒin gɔsɯl tʃʰadʒɯrjɔgo aguŋirɯl twidʒiɔtˀta]
（妻が出たあと, 私は妻がたべていてなげた（すてた）ものをさがそうとして, かまどをかきまわした）崔曙海『脱出記』

この例でもわかるように接続形먹다가でしめされている動作は，つづいて終止形던지다でしめされている動作によって中断されています。この接続形も先行をしめしているといえるのですが，単なる先行ではありません。先行をしめす接続形-아がつかわれている文とくらべてみましょう。

■例A 나는 저 산을 어제 올라 오늘 내려왔다.

[nanɯn tʃɔ sanɯl ɔdʒe olla onɯl nɛrjɔwa$^{t?}$ta]

（私はあの山に昨日のぼって, 今日おりてきた）

■例B 나는 어제 저 산을 오르다가 내려왔다.

[nanɯn ɔdʒe tʃɔ sanɯl orɯdaga nɛrjɔwa$^{t?}$ta]

（私は昨日あの山をのぼる途中で, おりてきた）

A の文は訳文どおりに理解すればいいのですが B の文は訳文どおりに理解してはいけないのです。しいて訳するなら，〈のぼりきらないで，途中でやめておりてきました〉というような意味になります。この-다가のつく接続形の形には過去と現在の形があります。過去をあらわす場合は，過去をしめす接尾辞のあとに-다가をくっつけるとできます。たとえば〈よむ〉という動詞〈읽다〉の過去は〈읽었다〉です。ですから，읽었-のあとに-다가をつければいいのです。〈읽었다가〉が過去形であるのに対して〈읽다가〉は現在形です。

この-다가のほかに，-다という形があって，だいたいおなじような意味につかわれます。

■例 책을 읽다 무엇을 하느냐？

[tʃ^{h}ɛgɯl i$^{k?}$ta muɔsɯl hanɯnja]

（本をよんでいて，なにをしているのだ？）

この文は〈本をよんでいて，それをやめてなにをしているのだ〉というような意味に理解してください。

くりかえしておこなわれて２つの動作をしめすときには，やはりこの-다가あるいは-다の形がつかわれます。

■例 그는 운동장을 왔다 갔다 하였다.

[kɯnɯn undoŋdʒaŋɯl wa^{tʔ}ta ga^{tʔ}ta hajɔ^{tʔ}ta]

（彼は運動場を行ったり，きたり（きたり，行ったり）した）

このばあい普通-다をもちいます。

17.2. 動詞の語幹に-자がついてできた接続形

動詞，たとえば타다の語幹타-に-자をつけると타자という接続形ができあがります。この接続形のはたらきは，この形でしめされる動作がおわると，その瞬間につぎの動作がおこなわれることを表現します。

■例 전철은 내가 타자 곧 움직이기 시작했다.

[tʃɔntʃ^{h}ɔrɯn nɛga t^{h}adʒa ko^{t} umdʒigigi ʃidʒak^{h}ɛ^{tʔ}ta]

（電車は，私がのると，すぐにうごきはじめた）

この接続形も先行をしめしていることにはちがいなのですが，つぎの動作が瞬間的におこるという点がちがっているのです。ですから，日本語に訳すときには〈のるやいなや〉のように訳すれば，意味をうまくいいあてたことになるのですが，実は，韓国語にも〈するやいなや〉というようないいまわしがあって，瞬間性を強調する場合にもちいられます。たとえば〈よむやいなや〉，〈たべるやいなや〉といういいまわしは，韓国語では〈읽자마자〉，〈먹자마자〉というようになります。

17.3. 動詞の語幹に-도록がついてできた接続形

たとえば〈明ける〉という意味の動詞새다の語幹새-に-도록をつけると새도록という接続形ができます。この形は終止形

でしめされる動作が進行する限界をしめします。日本語の〈…まで〉ぐらいの意味に理解すればいいでしょう。この形は時間をしめす接尾辞〈았，（었，였）〉，〈겠〉のあとにはつきません。

■例 그는 밤이 새도록 공부를 했다.
[kɯnɯn pami sɛdoro^{k} koŋburɯl hɛ^{tʔ}ta]
（彼は夜があけるまで勉強した）

■例 어젯밤은 강아지가 방문 앞에 와서 밤이 새도록 울어 잠을 잘 수가 없었다.
[ɔdʒe^{tʔ}pamɯn kaŋadʒiga paŋmun ap^{h}e wasɔ pami sɛdoro^{k} urɔ tʃamɯl tʃal ^{ʔ}suga ɔp^{ʔ}sɔ^{tʔ}ta]
（昨夜は小犬が部屋（房）（の）戸（の）まえに来て，夜あけまで（一晩中）ないて（ねむりを）ねむることができなかった）

でも，つぎのような文では-도록という接続形は〈…ように〉と訳さなければなりません。

■例 의사는 환자들에게 병원에서의 생활 규칙을 꼭 지키도록 주의하였다.
[ɯisanɯn hwandʒadɯrege pjɔŋwɔnesɔe sɛŋ(h)wal kjutʃ^{h}igɯl ^{ʔ}ko^{k} tʃik^{h}idoro^{k} tʃui hajɔ^{tʔ}ta]
（医者は患者たちに病院での生活（の）規則をかならずまもるように，注意した）

この文を直訳すれば〈医者は患者たちに病院での生活（の）規則をかならずまもるまで注意した〉という意味になるので

す。このようにみていくと，-도록という形ももともとは時間をしめす接尾辞にほかならないということがわかるでしょう。

この-도록という形は하다という単語とくみあわさってつかわれることが多いです。このばあい〈…ようにする〉という意味になります。

■例 **걸린 병을 고치기 위한 연구도 중요하나, 병에 안 걸리도록 하는 연구 역시 중요하다.**

[kɔllin pjɔŋɯl kotʃ^{h}igi wi(h)an jɔngudo tʃuŋjo (h)ana pjɔŋe an gɔllidoro^{k} hanɯn jɔngu jɔk^{ʔ}ʃi tʃuŋjo(h)ada]

（かかった病気をなおすための研究も重要だが，病気にかからないようにする研究もまた重要である）

17.4. 動詞の語幹に-니/-으니がついてできた接続形

動詞，たとえば보다の語幹보-に-니をくっつけると，보니という接続形ができます。この形は，終止形でしめされる動作がおこなわれるときの時間をあらわしています。

■例 **내가 회장에 들어가니 마침 회의가 시작되고 있었다.**

[nɛga hwedʒaŋe tɯrɔgani matʃ^{h}im hweiga ʃidʒa^{kʔ}twego i^{ʔ}sɔ^{tʔ}ta]

（私が，会場に入って行くと，ちょうど会議がはじまるところだった）

この接続形でしめされる動作が，終止形でしめされる動作を条件づける場合には，接続形は単に時間をあらわすのではなく，原因をあらわすようになります。

■例 오래간만에 담배를 피우니 머리가 빙빙 돈다.

[orɛganmane tambɛrɯl pʰiuni mɔriga piŋbiŋ tonda]

（ひさしぶりにたばこをすうと，頭がくらくらする（ぐるぐるまわる）くらくらする）

■例 문을 닫으니 방이 어두워졌다.

[munɯl tadɯni paŋi ɔduwɔdʒɔt̚ta]

（戸をしめると，部屋（房）がくらくなった）

また-니の形は，終止形でしめされている判断のよりどころをあらわすこともできます。

■例 큰소리치는 것을 보니 자신이 있나 보다.

[kʰɯnsoritʃʰinɯn gɔsɯl poni tʃaʃini inna boda]

（大きなことを言っているところをみると，自信があるらしい）

■例 개 짖는 것을 보니 누가 왔는가 보다.

[kɛ tʃinnɯn gɔsɯl poni nuga wannɯnga boda]

（犬（の）ほえるのをみると，だれかきたらしい）

-니の形の接続形は時間，原因，根拠をあらわしているのですが，だいたいこれとおなじようなはたらきをもった接続形には，-니까/-으니까，-매，-은즉，-길래などがあります。

17.5. -니까/-으니까がついてできた接続形

17.5.1. 時間をあらわしている-니까/-으니까

■例 이튿날 날이 밝은 뒤에 보니까 온 마당, 지붕, 나뭇가지에 함박눈이 쌓여 있었다.

[it^{h}ɯnnal nari pargɯn twie poni^{ʔ}ka on madaŋ tʃibuŋ namu^{ʔ}kadʒie hambaŋnuni ^{ʔ}sajɔ i^{ʔ}sɔ^{tʔ}ta]

（あくる日, 夜があけたあと（日があかるくなったあと）みると, にわ（や）やね（や）木の枝に綿雪がつもっていた）

■例 내가 역으로 가니까 막 전차가 떠나려는 순간이었다.

[nɛga jɔgɯro kani^{ʔ}ka ma^{k} tʃɔntʃ^{h}aga ^{ʔ}tɔnarjɔnɯn sunganijɔ^{tʔ}ta]

（私が駅に行くと, ちょうど電車がでようとする瞬間であった）

17.5.2. 原因をあらわす-니까/-으니까

■例 너는 단 것을 너무 많이 먹으니까 이가 나빠진다.

[nɔnɯn tan gɔsɯl nɔmu mani mɔgɯni^{ʔ}ka iga na^{ʔ}padʒinda]

（君はあまいものをあまりたくさんたべるから, 歯がわるくなる）

-니까の形をとる接続形は，日本語の〈…と〉や〈…から〉や〈…ので〉のように訳すことができます。

17.6. -매/-으매がついてできた接続形

■例 선생님이 간다고 하시매 나는 그것을 믿었다.
[sɔnsɛŋnimi kandago haʃimɛ nanɯn kɯgɔsɯl midɔ^{tʔ}ta]
（先生が行くとおっしゃるので，私はそれを信じた）

■例 곁에서 소리를 지르매 자는 애가 놀라지 않았는가.
[kjɔt^{h}esɔ sorirɯl tʃirɯmɛ tʃanɯn ɛga nolladʒi anannɯnga]
（そばで声をだすから，ねている子（が）おどろいたではないか）

この形も日本語の〈…ので〉〈…から〉などに訳すといいでしょう。こんにちではあまり使われなくなっています。

17.7. -ㄴ즉/-은즉がついてできた接続形

■例 길 가는 사람에게 물어본즉 눈 앞에 있는 것이 나의 친구 집이었다.
[kil kanɯn saramege murɔ bondʒɯ^{k} nunap^{h}e innɯn gɔʃi nae tʃ^{h}ingu tʃibijɔ^{tʔ}ta]
（道行く人にたずねてみると，眼のまえにあるのが，私のともだちの家であった）

■例 **여기까지 올랐은즉 봉우리까지 오르기에는 그다지 어렵지는 않다.**

[jɔgiˀkadʒi ollaˀsɯndʒɯ^{k} poŋnriˀkadʒi orɯgienɯn kɯdadʒi ɔrjɔ^{pʔ}tʃinɯn ant^{h}a]

（ここまでのぼったので（のだから）頂上までのぼるのは，それほど困難なことではない）

この形は古めかしい文体でしか使われません。

以上の形は，原因，根拠のほかに時間をしめすことができるのですが，-므로，-거늘，-거니，-는지라がついてできている接続形は，純粋に原因や根拠のみをあらわして，時間はしめしていません。

■例 **회원의 반수 이상이 출석하였으므로 총회는 성립된다.**

[hwewɔne pansu isaŋi tʃ^{h}ulˀsɔk^{h}ajɔˀsɯmɯro tʃ^{h}oŋ(h)wenɯn sɔŋni^{pʔ}twenda]

（会員の半数以上が出席したので総会は成立する）

■例 **그는 아이가 태어난 시간을 확실히 알아 두고 싶었으나 시계를 안 가져 갔으므로 밖으로 나갔던 것이다.**

[kɯnɯn aiga t^{h}ɛɔnan ʃiganɯl hwakˀʃir(h)i aradugo ʃip^{h}ɔˀsɯna ʃigerɯl angadʒɔgaˀsɯmɯro paˀkuro naga^{tʔ}tɔn gɔʃida]

（彼は子供が生まれた時間をはっきりしっておきたかったが，時計をもっていかなかったので，外へ出たのであった）

17.8. -거늘がついてできた接続形

■例 **내가 보았거늘 네가 거짓말을 할 수 있겠느냐？**

[nɛga poat?kɔnɯl nega kɔdʒinmarɯl hal ?su it?kennɯnja]

（私がみたのに，君がうそをいうことができるか?）

この形はおもにかきことばにつかわれて，いくらかふるめかしいニュアンスをもっています。そして，あまり多くつかわれません。

17.9. -건대がついてできた接続形

■例 **내가 보건대，그 일은 아주 순조로이 진행될 것 같다.**

[nɛga pogɔndɛ kɯ irɯn adʒu sundʒoroi tʃin(h)ɛŋdwel ?kɔt ?kat?ta]

（私がみるところでは，その仕事は順調にすすみ（進行し）そうだ）

■例 **듣건대 그 사람은 내일 서울에 간다지？**

[tɯt?kɔndɛ kɯ saramɯn nɛil sɔure kandadʒi]

（きくところによると（きけば），彼は明日ソウルに行くんだって?）

17.10. -거니がついてできた接続形

■例 그는 조국을 지키기 위한 투쟁에 목숨을 바쳐 싸웠거니, 이것이 어찌 고귀한 애국 정신이 아니랴.

[kɯnɯn tʃogugɯl tʃikʰigi wi(h)an tʰudʒɛŋe mokˀsumɯl patʃʰɔ ˀsawɔᵗˀkɔni igɔʃi ɔˀtʃi kogwi (h)an ɛguᵏ tʃɔŋʃini anirja]

（彼は祖国をまもるための闘争にいのちをささげてたたかった（のに）, これがどうして高貴な愛国精神でなかろうか）

■例 벌써 열 두 시가 넘었거니 이 산길을 어떻게 가리오.

[pɔlˀsɔ jɔl tuʃiga nɔmɔᵗˀkɔni i sanˀkirɯl ɔˀtɔkʰe kario]

（もう12時がすぎたのに, この山道をどうしていけましょう）

この形は, くりかえしておこなわれる動作のこともあらわします。

■例 술잔을 서로 주거니 받거니 하며 밤을 세웠다.

[sulˀtʃanɯl sɔro tʃugɔni paᵗˀkɔni hamjɔ pamɯl sewɔᵗˀta]

（さかずきをたがいにやりとりしながら夜を明かした）

17.11. -는지라がついてできた接続形

■例 비가 많이 오겠는지라，집중 호우 대책에 만전을 기한다.

[piga mani ogennɯndʒira, tʃi^{pˀ}tʃuŋ hou tɛtʃ^{h}ɛge mandʒɔnɯl ki(h)anda]

（雨がふりそうなので, 集中豪雨対策に万全を期する）

■例 오랫동안 비가 안 오는지라 금년 수확이 걱정이다.

[orɛ^{ˀ}toŋan piga anonɯndʒira kɯmnjɔn su (h)wagi kɔ^{kˀ}tʃɔŋida]

（ながいあいだ雨がふらないので, 今年の収穫が心配だ）

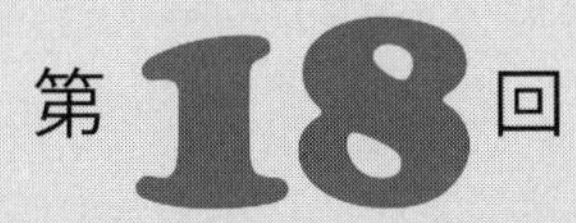

動詞の接続形（その3）

18.1. -면の形をとる接続形

-면の形をとる接続形は条件をあらわします。この形のつくりかたはふたとおりあります。1つは語幹につけるばあい，もう1つは終止形のうしろにつけるばあいです。それに，この形には現在と過去があります。ですから，つぎの表のように4つのつくりかたがあるとおぼえておいてください。

時間	語幹に-면がつくばあい	終止形に -면がつくばあい
現在	하-면	한-면
過去	하였-으면	하였다- 면

ある動作というのは一定の条件のもとでおこるのですが，その条件をしめすのが条件形のはたらきなのです。接続形がつかわれている文では，条件づける動作が条件形でしめされ，条件づけられる動作は文末の終止形でしめされます。この形は日本語に訳すなら〈…すれば〉，〈…するなら〉，〈…すると〉のようになります。では例をみましょう。

■例 비가 오면 땅이 굳어진다.

[piga omjɔn ʔtaŋi kudɔdʒinda]

（雨がふると, 地がかたまる）

■例 일곱 시 기차를 탄다면 적어도 여섯 시에는 집을 나가야 된다.

[ilgopʔʃi kitʃʰarɯl tʰandamjɔn tʃɔgɔdo jɔsɔʔʃienɯn tʃibɯl nagaja twenda]

（7 時の汽車に（を）のるなら, すくなくとも 6 時には家を出なければならない）

18.2. 語幹に-거든がついてできた接続形

-거든という形は-면とおなじような意味をもっているのですが, すこしちがっているところがあります。-면の形の接続形は〈…すれば〉〈…するなら〉〈…すると〉と訳すことができるのに対し、-거든の形の接続形は〈…すれば〉〈…するなら〉までは-면のはたらきとおなじなのですが, 〈…すると〉とは訳せません。-거든のうしろには命令や依頼や勧誘の形が来ます。

■例 비가 개거든 영화 감상회를 운동장에서 합시다.

[piga kɛgɔdɯn jɔŋ(h)wa kamsaŋ(h)werɯl undoŋdʒaŋesɔ hapʔʃida]

（雨があがれば, 映画観賞会を運動場でしよう）

18

■例 그에게 짐을 부치거든 이 짐도 같이 부쳐 주십시오.

[kɯege tʃimɯl putʃʰigɔdɯn i tʃimdo katʃʰi putʃʰɔ dʒuʃipˀʃio]

（彼に荷物をおくるなら, この荷物もいっしょにおくってください）

18.3. 語幹に-ㄹ진대/-을진대がついてできた接続形

この形も-면とおなじような意味につかわれるのですが，この形はおもおもしさをおびた特殊な表現にもちいられ，いくらかふるめかしさをもっています。この形は未来をあらわす時間の接尾辞-겠-のあとではつかわれません。

■例 그대와 같이 갈진대 무엇이 두려우랴.

[kɯdɛwa katʃʰi kalˀtʃindɛ muɔʃi turjɔurja]

（君といっしょにいくなら, なにがおそろしかろう）

■例 그가 돌아올진대 여기서 말할 것도 없지 않으냐.

[kɯga toraolˀtʃindɛ jɔgisɔ mar(h)al ˀkɔtˀto ɔpˀˀtʃi anɯnja]

（彼がかえってくるのならば, ここで話すこともないではないか）

条件といったばあい，条件づける動作と条件づけられる動作とが現実的である場合のほかに〈仮にそうであれば…そうなるであろう〉という仮定的条件があります。たとえば,

봄이 오면 농부는 씨를 뿌린다.
[pomi omjɔn noŋbunɯn ˀʃirɯl ˀpurinda]
（春がくれば，農夫はたねをまく）

この文では条件づける動作も条件づけられる動作も現実的なのです。

거기에 폭탄이 떨어지면 많은 사람들이 목숨을 잃을 것이다.
[kɔgie pʰokʰtʰani ˀtɔrɔdʒimjɔn manɯn saramdɯri mɔkˀsumɯl irɯl ˀkɔʃida]
（そこに爆弾がおちたら，多くの人々が命を失うであろう）

この文では，条件づける動作も条件づけられる動作も，仮定の上にたっています。そうすると条件の中には現実的な条件と仮定的条件とふたとおりあるということになります。これまであげた-거든，-ㄹ진대/-을진대という形は現実的な条件をあらわしますが，-면は現実的条件も仮定的条件もあらわします。

-면の形が仮定的条件をあらわすばあいは，終止形の形はつぎのようになります（次に説明する-던들という形の接続形も仮定的条件をしめしますので，このばあいの終止形も次のような形をとります）。

…하겠다
…할 것이다
…하리라
…하였겠다（했겠다）
…하였을 것이다（했을 것이다）

■例 이러한 과제들만 해결되면 우리 나라는 문제없이 통일될 것이다.

[irɔ(h)an kwadʒedɯlman hɛgjɔldwemjɔn uri naranɯn mundʒeɔpˀʃi tʰoŋildwɛl ˀkɔʃida]

（こうした課題さえ解決されるなら，わが国は問題なく統一されるであろう）

18.4. 語幹に-던들がついてできた接続形

語幹に-던들という形がついている接続形もこの仮定的条件をあらわしています。

■例 내가 그 때 우리말을 열심히 공부했던들 오늘과 같이 이렇게 고생을 하지 않았을 것이다.

[nɛga kɯ ˀtɛ urimarɯl jɔlˀʃimi koŋbu (h)ɛtˀtɔndɯl onɯlgwagatʃʰi irɔkʰe kosɛŋɯl hadʒi anaˀsɯl ˀkɔʃida]

（私があのとき韓国語をねっしんにやっていたなら，今日のようにこれほど苦労をしていないであろう）

■例 좀 더 신중하게 설계를 하고 전문가들의 의견을 들어 봤던들 이렇게는 되지 않았을 것이다.

[tʃom tɔ ʃindʒuŋ(h)age sɔlgerɯl hago tʃɔnmungadɯre ɯigjɔnɯl tɯrɔ bwatˀtɔndɯl irɔkʰenɯn twedʒi anaˀsɯl ˀkɔʃida]

（もうすこし慎重に設計をして，専門家たちの意見をきいてみていたなら，こんなことにはなっていないであろう）

18.5. 語幹に-지마는（-지만）がついてできた接続形

この接続形によって2つの動作の対立が表現されます。この形は日本語の接続助詞〈が〉にちかい意味をもっています。

-지만という形は-지마는をみじかくしたものです。

■例 나도 가 보았지마는 대단히 재미있었다.

[nado ka boa^{tʔ}tʃimanɯn tɛdani tʃɛmi i^{ʔ}sɔ^{tʔ}ta]

（僕も行ってみたが，とてもおもしろかった）

18.6. 語幹に-건마는（-건만），-련마는 / -으련마는（-련만 / -으련만）がついてできた接続形

この形は日本語の接続助詞〈…ではあるが〉にちかい意味をもっています。-건만は-건마는を，-련만は-련마는をみじかくした形です。-건마는は-련마는とくらべると対立の関係をしめしているという点ではおなじですが，-련마는の方は確信の度合がよわくて推量の意味がくわわっています。

18.6.1. -건마는（건만）のばあい

■例 학교에는 가건만 공부를 하는지 무엇을 하는지 모르겠다.

[ha^{kʔ}kjoenɯn kagɔnman koŋburɯl hanɯndʒi muɔsɯl hanɯndʒi morɯge^{tʔ}ta]

（学校には行くのだが，勉強をしているのか，なにをしているのかわからない）

■例 합격은 되었건만 입학금이 없다.

[ha^{pʔ}kjɔgɯn twejɔ^{kʔ}kɔnman ip^{h}a^{kʔ}kɯmi ɔ^{pʔ}ta]

（合格はできたものの，入学金がない）

18.6.2. -련마는（련만）のばあい

■例 그는 이미 집에 왔으련마는 어째 전화를 받지 않을까？

[kɯnɯn imi tʃibe wa^{ʔ}sɯrjɔnmanɯn ɔ^{tʔ}tʃɛ tʃɔn(h)warɯl pa^{tʔ}tʃi anɯl^{ʔ}ka]

（彼はすでに家に来て（かえって）いるはずだが，どうして電話に出ないのだろう？）

■例 아마 오련만 아직 보이지 않는다.

[ama orjɔnman adʒi^{k} poidʒi annɯnda]

（おそらく来そう（なもの）だが，まだみえない）

18.7. 語幹に-거니와，-려니와がついてできた接続形

この接続形も-지마는，-건마는とおなじように2つの動作の対立の関係を表現しています。-거니와，려니와とのちがいは-건마는と-련마는とのちがいとおなじです。

■例 그는 공부도 잘 하거니와 일도 잘 한다.

[kɯnɯn koŋbudo tʃal hagɔniwa ildo tʃal handa]

（彼は勉強もよくできるうえに，仕事もよくやる）

■例 지금 상태로는 도와는 못 주려니와 방해도 할 필요가 없다.

[tʃigɯm saŋt^{h}ɛronɯn towanɯn mo^{tʔ}tʃurjɔniwa paŋ(h)ɛdo hal p^{h}irjoga ɔ^{pʔ}ta]

（今の状態では助けてはやれないが，妨害もする必要がない）

18.8. 語幹に-되がついてできた接続形

この形も-지마는，-건마는，-거니와，-려니와とおなじように，２つの動作の対立の関係を表現しています。

■例 피리는 불되 춤을 추지 않는다.

[p^{h}irinɯn puldwe tʃ^{h}umɯl tʃ^{h}udʒi annɯnda]

（笛はふくが，おどりをおどらない）

■例 비는 오되 바람은 안 분다.

[pinɯn odwe paramɯn anbunda]

（雨はふるが, 風はふかない）

18.9. 語幹に-나/-으나，-나마/-으나마が ついてできた接続形

この形も2つの動作の対立の関係をあらわしていて，-지마는，-건마는，-거니와，-려니와とおなじような意味を表現します。対立の関係をあらわす接続形のうち，この形はもっとも多くつかわれる形です。

■例 편지는 받았으나 답은 아직 안 했다.

[p^{h}jɔndʒinɯn pada^{ʔ}sɯna tabɯn adʒi^{k} an (h)ɛ^{tʔ}ta]

（手紙は受けとったが, 返事はまだしていない）

さて，以上で、対立的な関係を表現する接続形には、つぎのような形があるということがわかりました。

-지마는（-지만）
-건마는（-건만）
-련마는（-련만）
-되
-거니와
-려니와
-나/-으나
-나마/-으나마

つぎに譲歩条件の接続形を説明します。-나の接続形をつかってつぎのようにかいたとしましょう。

■例 **밥은 먹었으나 배는 부르지 않았다.**
[pabɯn mɔgɔˀsɯna pɛnɯn purɯdʒi anaᵗˀta]
（ごはんはたべたが，はらはいっぱいにならなかった）

この文では，まえにも説明しましたように，-나のついた接続形で 2 つの動作の対立が表現されていますが，同時に条件がしめされています。しかしこのばあい，条件といっても，まえに説明した条件とはちょっと意味がちがっています。普通に条件といわれているものは，他の動作の成立をたすけるのですが，ここでは他の動作の成立をたすけていません。こういう条件のことを譲歩条件といいます。したがって，まえの文の接続形-나は対立関係をしめすと同時に譲歩条件をもしめしています。つぎのような文もおなじような意味をもっています。

■例 공부는 열심히 하나 성적이 오르지 않는다.
[koŋbunɯn jɔlʔʃimi hana sɔŋdʒɔgi orɯdʒi annɯnda]
（勉強はねっしんにするが，成績があがらない）

18.10. 語幹に-ㄹ지언정/-을지언정がついてできた接続形

この形は譲歩条件をあらわします。

■例 눈이 오고 바람이 불지언정 학교에는 가야 되겠다.
[nuni ogo parami pulʔtʃiɔndʒɔŋ hakʔkjoenɯn kaja twegetʔta]
（雪がふり風がふくが，学校にはいかなければならない）

■例 기차는 떠났을지언정 다음 차로라도 가야 되겠다.
[kitʃʰanɯn ʔtɔnaʔsɯlʔtʃiɔndʒɔŋ taɯm tʃʰarorado kaja twegetʔta]
（汽車は出たけれども，つぎの車ででも行かなければならない）

18.11. 語幹に-ㄹ망정/-을망정がついてできた接続形

この形も-을지언정とおなじように譲歩条件をあらわします。

■例 지각이 될망정 조금이라도 빨리 가는 것이 좋다.

[tʃigagi twelmaŋdʒɔŋ tʃogɯmirado ˀpalli kanɯn gɔʃi tʃotʰa]

（遅刻になるとしてもすこしでも早く行った方が（行くことが）よい）

18.12. 語幹に-더라도（-드라도，-드래도）がついてできた接続形

さて，これまで説明した譲歩条件は〈現実にそうしたのだが…だった〉という意味なのですが，-더라도という接続形は〈かりにそうだとしても…である〉という意味の譲歩条件をあらわします。つまり，譲歩条件になる動作を仮定しているのです。つぎの文をみてください。-더라도の形でしめされた動作は仮定的です。このばあい日本語では〈たとえ…しても（としても）〉のようになります。-더라도（-드라도，-드래도）とのちがいは，意味的なちがいではなく音声的なちがいです。

■例 이 나무는 아무리 물을 주더라도 살아나지 않을 것이다.

[i namunɯn amuri murɯl tʃudɔrado saranadʒi anɯl ˀkɔʃida]

（この木はいくら水をやっても，いきかえりはしないだろう）

18.13. 語幹に-ㄹ지라도/-을지라도がついてできた接続形

この形も-더라도とおなじょうに仮定的な譲歩条件をしめします。

■例 네가 공장을 나갈지라도 생산고에는 직접적인 영향은 없을 것이다.

[nega koŋdʒaŋɯl nagal^{ʔ}tʃirado sɛŋsangoenɯn tʃi^{kʔ}tʃɔ^{p} ^{ʔ}tʃɔgin jɔŋ(h)jaŋɯn ɔp^{ʔ}sɯl ^{ʔ}kɔʃida]

（君が工場をやめたとしても，生産高には直接的な影響はないであろう）

18.14. 語幹に-ㄴ들がついてできた接続形

この形も-나，-더라도，-ㄹ지라도とおなじようなものですが，-ㄴ들の形をつかう場合には、終止形がたいていといかける形になります。でもこのといかけはレトリックであって、修辞的ないいまわしにすぎないのです。

■例 그 나무는 물을 준들 살아나겠느냐.

[kɯ namunɯn murɯl tʃundɯl sara nagennɯnja]

この文を文字どおり訳すれば，〈その木は水をやっていきかえるだろうか〉となるのですが，実際は〈その木は水をやったとていきかえらないだろう〉という意味なのです。

ハングルについて知っておきたいこと

ハングルについて知っておきたいことを，ここでまとめておこう。

ハングルの文字としての性格

(1) ハングルは音を表す表音文字である。表音文字という点では，ローマ字や仮名などと同様である。漢字は 1 文字 1 文字が単語を表す表語文字である。

(2) ハングルは韓国語の言語音を構成する音素を表す，音素文字である。基本的には 1 字母が 1 つの音素，1 音を表す。

(3) 音素を表す字母を，ローマ字などのように横1列や，あるいは縦の1列に配列するのではなく，音素の組み合わせからなる音節を単位に，文字の上で字母を組み上げ，1文字が1つの音節を表す音節文字のように用いる。

(4) 子音を表す字母は発音器官の形を象ってㄱㄴㅁㅅㅇという 5 つの字母を定め，それら 5 つから形を派生させて，すべての子音字母を造っている。

(5) 母音を表す字母は，まず天（・），地（ㅡ），人（ㅣ）を象徴的に象って 3 つの字母を造り，それら 3 つの字母を組み合わせて，すべての母音字母を造った。

訓民正音からハングルへ

（1） ハングルは創られた時代や，関わった人や，ハングル創製の思想まで，記録から知ることができる。この点で地球上の他のほとんどの文字に照らしても，希有なるものである。

（2） ハングル創製の思想は『訓民正音解例本』や『訓民正音諺解本』と呼ばれる書物などで知ることができる。

（3） 創製時にはハングルは訓民正音（훈민정음）と呼ばれた。訓民正音は文字の名称であり，また書物の名称でもある。ハングルは近代になってから，言語学者・周時経（주시경）が命名した。〈大いなる文字〉の意とされる。

（4） 訓民正音は朝鮮王朝第4代の王，世宗（세종）によって創製された。『訓民正音解例本』末尾の鄭麟趾（정인지）の筆になる後序には，同書の「解と例」を著した，集賢殿に集う，鄭麟趾以下，８名の名が記されている。

（5） 王朝では訓民正音に反対する上疏文が，崔萬理（최만리）等により提出され，世宗との間に，訓民正音をめぐる，言語学的，文字論的，社会言語学的，政治的な論争が繰り広げられた。この論争は『朝鮮王朝実録』に記録されている。

（6） 『訓民正音解例本』と『朝鮮王朝実録』は共にユネスコの「世界の記憶」に選定されている。

あとがき

本書は青年向けの月刊誌，朝鮮青年社発行の『新しい世代』，1961 年 1 月号から 1962 年 10 月号まで連載された，「国語講座」の一部を改稿したものである。

朝鮮民主主義人民共和国の正書法で書かれていた同講座を，今回の改稿にあたり，大韓民国の正書法に改めた。

発音記号は，現在韓国語教育で多く用いられている国際音声記号に改めた。いまの時代に即さない一部の例文は変更したが，当時の教育，学習の内容を知ることにもなるので，初級の学習にはあまり目にしない文法形式も，ごく一部を残しておいた。易しいことだけを学ぶ入門書というより，文法の全体像の基本を示したもので，深く学びたい人々の要求にも応えんとしたものである。

朝鮮大学校において柳碧（ユ ビョク）先生より教えを得た朝鮮語文法を核に，奥田靖雄先生の言語学を取り入れたことも特徴である。これらの点で，現在の多くの入門書とは趣が異なると思う。

韓国語は日本語と語順も似ているし，同じ漢字語をもつ言葉でもある。それゆえ学びやすいなどと言う人もいるけれども，少し勉強を始めた人なら，それが大いに間違っていると気づくだろう。

そこで面白いと思うか，むずかしいと投げ出すか…そこからが韓国語学習の本当のスタートである。本書には，学びたい人にはどこからでも入れるような仕組みを設けている。大いに活用して，長く学習を続けていってほしいと願う。

最後に，本書の出版にあたってご尽力，ご協力をいただいた，詩人の上野都さん，韓国の明知大学校教授・李美淑（イミスク）先生，言語学者の野間秀樹さん，気遣いのやさしい橋本佳奈さんと小野みささん，朝日出版社の山田敏之さん，ハザ（Haza）の長見有人代表に，心からのお礼を申しあげたい。

金 禮坤（キム イェゴン）

解説

金禮坤（キムイェゴン）『定本 韓国語講座』は何が凄いのか，何が面白いのか

野間秀樹

1. はじめに——本書はどのような本なのか

端的に言って，本書は韓国語学に身を置く方々，韓国語学を解って教えておられる方々からは，待ち望まれていた，謂わば幻の書である。

韓国語という言語を見据え，それを学習書として記述する，その記述の方法と内容が，超絶に面白い。今日の入門書や文法書では見たこともないような記述に出会うであろう。そうした意味では，韓国語を知的に学びたい方々や，日本語のことを考えたり，研究したりなさる方々，文法論を愉しみたい方々には，大いに推奨したい。韓国語はもちろん，さらには日本語の文法論史においても，一度は立ち止まるべき，一書である。

『韓国語講座』という書名からはおよそ想像を絶する内実を有しているのだけれども，一般の入門書などに混ざると，とりわけ初学者の方々にはそんなことは非常に見えにくい。ゆえにここでは本書が，どこにでもあるただの教科書，入門書などではなく，私たちが何故に手元に置かねばならないかを，述べることにする。本書は韓国語文法論への入門書的な性格も有していることから，文法研究史の流れにも触れることになる。

1.1. 本書の原本

本書のもとになったのは，1961 年 1 月号から 62 年 10 月号まで，雑誌『新しい世代』（朝鮮青年社刊行）に連載された「国語講座」である。なぜ「国語」

講座という名称かというと，当時は在日の韓国人・朝鮮人子弟のために書かれたものだったからである。要するに日本語で育っている人々，日本語を母語とする，在日の子弟の韓国語＝朝鮮語学習のための連載であった。「ことばをともにまなぶよろこびをわかちあいたい」という，9–10 頁のこのことばに，端的に表れている。当然のこと，民族への思いといったものが通奏低音のごとく，本書に流れることになる。かなを多用した文体も，著者の「できるだけわかりやすく」という思想の表れである。

1.2. 本書の背景

1961 年と言えば，朝鮮戦争の傷跡も未だ癒えず，日本の敗戦，朝鮮の解放を迎えた 1945 年からも，今だそう遠くない。植民地支配の困難の体験に加え，南北分断は在日の人々の生の隅々にまで襲いかかっている。金禮坤先生はこのことを「日本の植民地統治から解放された後に，自分たちで分断を選んだわけではない。いわば日本の植民地のまま，分断されたのだ」ということばで語っておられる。

そうした歴史のうちにあって，子供たちが韓国語＝朝鮮語を学ぶことさえも，非常な困難を伴った。祖国の言語，元来は自らの母語であったかもしれない言語を，いわば取り戻すために，少なからぬ人士が韓国語＝朝鮮語教育のために尽力した。1945 年に日本各地で焼け跡の中から自力で立ち上げられた〈国語講習所〉はその貴重な出発点の 1 つであった。今日の朝鮮学校はその後裔という性格も有している。何よりも言語を獲得することこそが，今日のことばで言えば，アイデンティティの根幹として据えられたからである。

1.3. 言語学との出会い

著者・金禮坤先生は日本のお生まれだが，ご母堂は韓国語の母語話者であられたので，家庭では韓国語を使っておられ，いわゆる韓国語と日本語のバイリンガルとして育つこととなられた。叱られるのも，褒められるのも，そして闘うのも，韓国語と日本語の双方を行き来せねばならない生であったことになる。金禮坤先生は戦後の日本に作られた朝鮮中学高校，そして朝鮮大学校それらすべての第 1 期生であった。小学校は最終学年から入学したので，最初の卒業生であった。在日の人々の教育史における最初の実践を，金禮坤先生は身をもって体験なさったことになる。高校までは神戸で過ごし，青年期からは関東へ移られた。

1950 年代は日本全国に民族学校を作る過程にあった。学ぶことを望む人々は多くとも，教師は足らなかった。植民地時代の朝鮮語への禁圧以降の影響もあって，とりわけ民族語の教師は圧倒的に不足している。在日の人々は何よりも民族語を求め，巨視的な視野に立って，教師を育てるという事業から出発したのであった。

あまり広く知られていないが，日本に今日の朝鮮大学校ができる 1956 年以前に，朝鮮師範学校が作られ，発展させて朝鮮師範専門学校が千葉県の船橋市に作られた。平屋の長い校舎や運動場を擁し，寮と食堂は 2 階建てで，海辺のとても良いところだったという。

金禮坤先生は言語教育を志し，寮生活をしながら，この朝鮮師範専門学校で学ばれた。その地で，朝鮮文学を講義した柳碧（ユビョク）（유벽）と出会う。「柳碧先生の文学はほんとうに楽しい講義だった」と回想しておられる。そしてまた言語学者・奥田靖雄（おくだやすお）（1919–2002）と出会うことになる。後に日本語学を席巻する奥田靖雄が，朝鮮師範専門学校や朝鮮大学校で講義していたことも，あまり知られていない。講義ノートのごく一部が『奥田靖雄著作集　第 6 巻補遺編』（むぎ書房）に収録されている。この頃は 40 歳前後だった奥田靖雄は，晩年に大阪大学で文学博士号を授与され，宮城教育大学では長く教鞭を執り，同学教授，名誉教授となっている。

1.4. 朝鮮語教師として

朝鮮師範専門学校からは 10 名が朝鮮大学校へ進学した。文学部には金禮坤先生を含め，2 名が進んだ。

日本全国での民族学校の設立のために，金禮坤先生は朝鮮大学校の時代にも日本のあちらこちらへの行脚を体験なさることになる。例えば夏休みには朝鮮総連から派遣され，熊本へ行く。朝連（在日朝鮮人連盟）のときから使っていた，ガリ版刷りの入門書を持てるだけ風呂敷に包んだ。なお，ガリ版とは，シルクスクリーン印刷のような孔版印刷の原理で作られた，謄写版印刷，ないしはその印刷機のことである。やすり版の上にロウが塗られた原紙に鉄筆で手書きで書いて原版を作る。ガリ版の原版に書くことを，「ガリを切る」などと呼んでいた。日本の教育界はもちろん，学校や大学のサークル活動，労働運動や学生運動の現場でも 1970 年代まで広く用いられた。これにとって替わることになるのが，今日のコピー機である。オフセット印刷の普及はしばらく後で，書物は活版印刷が主流であった。この時代の〈書かれたことば〉の大きな部分を，活版印刷と共に手書きの文字が占めていたことになる。実は，金禮坤先生は原著「国語講座」のために，印刷所でハングルの活字を拾う作業までなさっていた。活版印刷とガリ版印刷が重要な位置を占めていた〈書かれたことば〉に対し，〈話されたことば〉の方は，ラジオ，やや遅れてテレビが重要なメディアとなる。音盤はレコードのみ，CD やカセットテープさえ，はるかにのちの時代のものである。

2 カ月間の講習で教え，共にした朝鮮大学校の学友と 2 人で，帰途につく熊本駅では，幾人もの在日の父母の方々が見送りに来て，くしゃくしゃになったお札を，先生たち 2 人のポケットに突っ込んでくれたという。「ありがとう。がんばってね」と声をかけながら。それ以降も，朝鮮総連から，栃木，札幌へと派遣された。

この頃には，朝鮮民主主義人民共和国の本を受け容れるのには九月書房が，それをもとに教育の書物の普及や刊行には学友書房が東京で軌道に乗ったという。当時の最先端の『조선말사전』（朝鮮語辞典）も，原本は共和国の科学院出版社刊行だが，解説の執筆者の手元にある，厚さが 95 ミリ，5057 頁もある合本は，東京の富士見町，この学友書房の刊行となっている。民族語の教育もガリ版から活版印刷の書物の時代へと進んだことに

なる。今日，思想的な批判は多々あり得るわけだが，言語研究や言語教育という観点からは，出版をめぐるこうした活動も冷静に記録されてよい。

金禮坤先生はその後，朝鮮大学校で朝鮮語学の主任として教鞭をお執りになるも，家業のために大学を辞され，故郷の宝塚へと戻られることとなる。

2．本書の言語学的な特質は

金禮坤先生の言語学的な柱は，(1) 朝鮮民主主義人民共和国の言語学，(2) 奥田靖雄を中心とし，日本語研究を推進した言語学研究会の言語学，という 2 本であり，そうした基礎に立って，韓国語＝朝鮮語と取り組みながら，ご自分の言語学をさらに豊かなものになさったのであった。

2.1. 1961 年の言語学，韓国語学＝朝鮮語学はどうだったのか

1960 年以前は，大韓民国の言語学は未だ今日のような隆盛を誇っておらず，解放後の産みの苦しみの時期と言ってもよい頃であった。金壽卿（キム スギョン）(1918-2000) などを擁した朝鮮民主主義人民共和国のとりわけ現代語についての言語学はより先進的であったとも言えよう。1956 年には平壌の科学百科事典総合出版社より『조선어문』(朝鮮語文) の刊行が開始されていた。1960 年には科学院言語文学研究所から決定的に重要な『조선어 문법』(朝鮮語文法) が刊行されている。国語＝百科事典的な辞書ではなく，純粋に言語の辞書として画期的な大部の辞書である，前述の『조선말사전』(朝鮮語辞典) が平壌の科学院言語文化研究所辞典研究室で編纂，科学院出版社から刊行されたのは，1961-62 年であるから，この『国語講座』の連載とほとんど時期が重なっている。連載時期を見ても，既に本書の先駆性が窺えよう。なお，1960 年代には大韓民国でも，李熙昇（イ ヒスン）『국어대사전』(国語大辞典，1961)，李基文（イ ギムン）『国語史概説』(1961)，劉昌惇（ユ チャンドン）『李朝語辞典』(1964) などを始め，歴史言語学，言語史研究を中心に重要な著作が次々に開花してゆくことになる。ただし韓国で現代韓国語を対象とした研究が活発化するのは，非母語話者に対する韓国語教育の必要性が意識され，

他方で欧米の研究が大きく流入する，1970–1980 年代を俟たねばならない。

2.2. 奥田靖雄と言語学研究会とは

言語学研究会は 1956 年に設立総会を行っている。奥田靖雄を中心とする同会の日本語研究は言語事実主義的なそれであった。抽象的な理論を振りかざすのではなく，常に膨大な言語事実から出発した。ロシア語に堪能であった奥田靖雄の理論は，当時の先進的なロシア言語学，ソビエト連邦の言語学も大きく取り入れたものであった。朝鮮語学者・菅野裕臣（1936–2022）は言語学研究会を「日本のヴィノグラードフ学派」と呼んだ。ヴィクトル・ヴィノグラードフ（1895–1969）はロシア語のいわゆるアカデミー文法に大きな影響を及ぼすなど，重要なロシア語学者である。一方，当時のソビエト連邦には多くの言語が存在しており，それらに向かい合う記述言語学も，一方で非常に活発であった。ロシア語で記された A. A. ホロドヴィッチ（1906–1977）の“Очерк грамматики корейского языка”（朝鮮語文法概要）は既に 1954 年に刊行されている。言語学を学ぶために，金禮坤先生もロシア語学習に手を染めておられる。

奥田靖雄と言語学研究会の研究はその後のとりわけ日本語文法研究を根底から揺るがすものとなった。その内実はむぎ書房より刊行された奥田靖雄の著作集や『ことばの科学 1–14』，松本泰丈編『日本語研究の方法』，鈴木重幸『日本語文法・形態論』を始め多くの書物で触れることができる。言語学研究会はとりわけ言語事実の扱いにおいて，徐々に日本語研究の他の学派をも圧倒していったと言っても過言ではない。（1）言語事実に基礎を置く，方法論的制覇，（2）奥田靖雄の記述の思弁力，私見ではこの 2 つが言語学研究会の文法論が大きな力を有した重要な特質と思われる。謂わば事実と記述で説得されてしまうようなものである。

金禮坤先生はそうした言語学研究会の若き学徒であった。東京の御茶ノ水駅北口，本郷にあった日本エスペラント学会の部屋を借りて，集まりが行われた。同学会はのちに早稲田に移転し，現在は日本エスペラント協会となっている。

言語学研究会には，高橋太郎（1927–2006），上村幸雄（1929–2017），鈴木重幸（1930–2015），宮島達夫（1931–2015）といった，後の日本語学を牽引する，錚々たる若き学徒が集った。日本語学者・金田一春彦（1913–2004）と奥田靖雄は仲が良く，いつもなごやかに話が咲いていた。「あなたもこうしたところで学べて良かったですね」などと金禮坤先生にも声をかけてくださったりしたという。言語学研究会には『山びこ学校』（1951）やTBSラジオの「全国こども電話相談室」などで知られた教育者・無着成恭（1927–2023）もやって来た。金禮坤先生曰く，「とても面白いひとだった」。まま来訪した人士には，『ことばと国家』（岩波書店，1981）など多くの著作で知られる言語学者・田中克彦（1934–）の姿もあった。

金禮坤先生とは時期を異にしているが，この言語学研究会には，そののちも鈴木康之（1934–），松本泰丈（1941–），鈴木泰（1945–），工藤浩（1947–2020），工藤真由美（1948–）といったそれぞれ重要な日本語学者たちも関わっている。

集まりには定刻前から三々五々来た人ごとに，最初にいつもカード採りから始まった。机は作業がしやすいように，エスペラント学会の方でも気を遣って，常にきれいに片付けてくれていたことが，印象に残っているという。さりげない連帯の挨拶とでも言おうか，まさに戦後の言語研究の青春時代の心性が窺えるような証言ではないか。なお，御茶ノ水の日本エスペラント学会には，当時横浜に住んでいた，この解説の執筆者も，本を求めに，訪ねたことがあった。小学生でもあったので，後に日本語学を揺るがすような，そんな言語研究が同じ場所で行われていたなど，まさか思いもよらぬことであった。

カード作りのことも興味深い。梅棹忠夫（1920–2010）の『知的生産の技術』（岩波書店，1969）などで有名になった，いわゆる京大型カードではなく，より小振りの図書カードに，小説などの文庫本を切り抜いて，言語の用例を貼るという作業である。図書カードには，日本語のものは文庫本がちょう

ど良い大きさに切って貼れる。だが朝鮮語の文庫本はなかったので，金禮坤先生は大きめだが 2 段組になっている本を用いた。現代のマーカーなどではなく，赤インクを小皿で水に薄め，筆で文章中にマーキングしていたというのも, 前 IT 時代を象徴している。金禮坤先生ご自身も李箕永（이기영 , 1896–1984), 韓雪野（한설야 , 1900–1976?）の長編小説, 崔曙海（최서해 , 1901–1932）の短編小説などから，対格（本文 9.1.4 参照。日本語の「を」格に相当する）などの 3 万枚ほどのカードを作ったという。「そうして用例をたくさん見ていると，いろいろ見えて来るんですよ」とは，金禮坤先生の言である。言語事実を大量に収集し，分析するという方法は，IT を駆使する，のちのコーパス言語学の先駆とも言えよう。コーパス言語学は 20 世紀末葉から 21 世紀の今日に至るまで，韓国で大きな成果を上げている。

とりわけ欧米では“Syntactic Structure”(1954, 日本語訳『文法の構造』は研究社，1963，韓国語訳は 1966）以来のノーム・チョムスキー（1928–）の生成文法を始め，いわゆる理論それ自体を展開させ，規則の集合として文法論を記述するスタイルの言語学が，相当な力を有していた。その後の韓国では国語の教科書に，チョムスキー文法特有の樹形図が現れるなど，猛烈な隆盛を誇った。研究者自身を謂わばある種絶対的な母語話者として位置づけ，研究者自身の作例で語ってゆく方法は，韓国の現代韓国語研究では大きく浸透していった。対照的に，共和国での生成文法の影響はほとんど皆無である。言語事実に立脚し，文法論を体系として描こうとする言語学研究会の方法は，生成文法などとは真っ向から対峙するものであった。データをして語らしめる，といった趣は強烈で，言語事実を前に，浅い空論では謂わばぐうの音もでなくなるわけである。日本における日本語研究では古語研究を中心にいわゆる国語学の伝統が強固で，チョムスキー文法は韓国のようには根を下ろさなかった。むしろその後のとりわけ英語圏の認知言語学が日本の言語学でも力を有していたと言えよう。認知言語学の影響は 21 世紀の初頭にまで及んだ。

3．どのような点が類書と異なり，面白いのか

さあ，それでは本書『定本 韓国語講座』のいったいどのような点が類書と異なり，いったい何が面白いのか，いくつかに絞って見てゆくことにしよう。

3.1. 対照言語学的な視点に貫かれていること

現在通行している韓国語の入門書，教科書には，言語学的な基礎のない書物も多いのだが，ここではそれらは論外である。それなりに言語学的な背景のある書物を見ると，それらの理論的な基礎には，大韓民国における非母語話者に対する韓国語教育が据えられているものが非常に多い。もちろん韓国では，世界各地からやって来る非母語話者を相手に韓国語を教えるわけなので，当然のこと，とりわけ日本語母語話者のためだけに教科書の内容を編むわけにはいかない。畢竟，韓国における国語教育，つまり韓国語の母語話者に対する言語教育が，韓国語教育の根幹に据えられることになる。学習者の母語ごとに考慮したくとも，多様な母語話者相手に，現実的にそうした対応が極めて難しいわけで，非難はあたらない。

日本で出版される韓国語の入門書や教科書のごく一部には，日本語母語話者の学習に特化し，日本語との対照を意識化した，対照言語学的な視点を有する本も存在する。それとて，ある程度の読者層を有するようになった今日に，ようやく到達した地平であって，どう間違っても，1960 年代初頭には，対照言語学などということばさえも通行していなかった。なお，言語の系統関係を調べる歴史言語学は，〈比較言語学〉と呼ぶ。系統関係の有無に拘わらず対照して研究する現代語研究は，〈対照言語学〉と呼んで区別する。対照言語学の根は，英語とチェコ語の対照言語学を開拓したチェコのヴィレーム・マテジウス（1882–1945）など，欧州では 1920 年代に遡れるけれども，日本における対照言語学が意識化されたのは，ディ・ピエトロの『言語の対照研究』（大修館書店，1971，英語の原著“Language Structures in Contrast”は 1971）など 1970 年代以降である。時あたかも日本語教育が活発化してゆく頃であった。

本書『定本 韓国語講座』は，対照言語学ということばさえ見えないものの，全体の記述には徹底した対照言語学的な視点が貫かれている。ほとんどの頁に「日本語では」といった記述が見え，学習者に日本語との対照を考えさせるように仕向けられていることからも，その一端が解るだろう。

ではなぜ言語学習に対照言語学が良いのか？ 読者は，一方的に韓国語を受け取る立場に立たされるのではなく，常に自らの母語たる日本語への問いを問うことになる。日本語ではこれは何にあたるのかな，では韓国語ではどうなのだろう，といった具合に。今日の言語教育は学習言語が圧倒的な優位に立ち，母語がほとんど顧みられない傾向にある。学習者の主体など，消し飛んでしまいかねない。言語学習ではしばしば学習する主体が失われるのである。「英語はこういう言語だから，これを覚えなさい」というベクトルである。本書は違う。常にあなたの母語である日本語ではどうですか，こうでしょう？ と問いかけてくる。学習者は常に学びの主体として厳として存在しており，常に尊重されている。ゆえに著者の言語教育は対照言語学を採る。

そうした対照言語学的な視点が既に1961年に実践されているのである。驚きを禁じ得ない。こうした視点は朝鮮民主主義人民共和国の言語学や言語学研究会でも当時はほとんど見えないものであって，複数言語使用という金禮坤先生の生い立ちや学問的研鑽のなし得た，ほとんど独自で開拓なさったところと思われる。この1冊が，現在の言語教育の大きな問題点への強力な異議申し立てであるばかりでなく，実践すべき方向を身をもって示す書物となっているのである。

なお，金禮坤先生は『対照言語学研究』という専門誌にもう30年近くも，海山（うみやま）文化研究所から発行人として携わっておられることも，記しておこう。対照言語学の重要性への着眼の，いま1つの重要な実践形態である。背景からのこうした学問的な支援も惜しまぬ方であった。同誌の既刊は29号に及ぶ。近年の号だけ見ても，韓国語，中国語，ベトナム語，セルビア語，琉球語，上代日本語や明治の日本語などの論考が多々寄せられている。

他方で，金禮坤先生は，言語学者をはじめ，多くの人士を宝塚へ招聘する講演を主催しておられる。講演もまた，既に 25 年間の長きにわたって実践されている。講演集の要録も近々刊行の予定である。

3.2. 可能な限り全体像を示そうとしていること

あちこちに存在する活用表＝パラダイムで解るように，本書は可能な限り全体像を示そうとしている。今日，少なからぬ学習書，教科書が，文法形式を細切れにアイテム化し，まるで単語のように１つずつ学ぶというスタイルとなっている。学習者はいつになっても全体像が見えない。時制，法，階称（ていねいさ）といったカテゴリーごとに，いったい全体はどうなっているのかを，常に視野に入れようという目論見が鮮明である。毎回，表の全体に触れながら，文法をアイテムではなく，システムとして考え，様々な形の変化の要領，互いの相関性などが，いやでも見えるように作られている。これもまた今日の多くの教材がしばしば見失いがちな点である。86–87 頁や 140–141 頁，144–145 頁の表など，既修者でも初めて見たという方が，少なくないのではなかろうか。間違いなく言えることは，厚くない本書のような本では，これらはまず普通は見ない表たちだという点である。

3.3. 音声学的な基礎に立って発音を記述していること

文字と発音の学習には 6 回分が割かれている。単音１つ１つに懇切丁寧な記述が付されている点は，今日の学習書が見習うべきところであろう。音声学に親しんでいない学習者を前提に，ところどころに術語や体系をしめして，いつの間にか音声学へのちょっとした入門ができている，そんな記述となっている。48 頁の破裂音の空気の流れをしめした図や内破音と外破音の記述など，ほとんど音声学入門書である。

3.4. 音の変化から動詞の活用へと導いていること

驚くべきは，第 6 回である。7 つの音節末子音，即ち終声と終声字母の

記述から，何と動詞の活用へと導入している。「[pa^{t}] という発音を밭, [na^{t}] という発音を낫とかくのはそれだけの理由があります。この理由を動詞の活用とむすびつけて説明しましょう」（58 頁）といった記述には驚愕を禁じ得ない。ここでは（1）音(おん)のレベルと，文字のレベルを峻別し，（2）こう発音するものを，こう書く，という圧倒的に正しい順序で述べ，（3）それを用言の活用という形の変化と重ねて説明に入るという仕儀になっている。多くの教科書は（1）で敗北する。音のレベルと文字のレベルは混濁し，発音の説明と，文字の説明は無原則的に行き来して，学習者は混乱に陥れられるのだが，初学者は初学者であるがゆえに，そうした混乱が実は教科書のせいだとも，気づけない。（2）はほとんどの教材が根底的に誤る地点である。いかに？ この字はこう読む，という順序で語られるからである。ハングルが音を表す文字なので，多くが誤るのだが，〈この字はこう読む〉のではなく，〈こう発音するものを，こう書く〉のである。これが順序であり，これがハングルを学ぶ真に面白いところである。訓民正音の名で 15 世紀に世宗はハングルを創った。どういう順序で？〈こう発音するものを，いかに書くか〉という順序で。音の世界をいかにして光の世界である文字へと形象化するか，これはハングルが，そして地球上のあらゆる文字がその原理において問う，根幹の問いである。まさにこの問いが導かれるがゆえに，ハングルが単に1つの文字体系を学ぶだけではなく，人間にとっての広く文字一般の原理を問い得る決定的な契機たり得るのである。せっかくの機会があるのに，しばしばそうした問いへと分け入ることが可能な道が，閉ざされてしまう。何によって？ 学習書によって，教科書によって，教師によって。本書は大切な順序を忘れない。大切な問いを忘れない。そして（3），動詞の活用である。なぜ？ もっとも形が，つまり〈音〉が動くところだから。音の形が最も激しく変容するところだから。ではそうした〈音〉の世界の変容をハングルではいかに〈光〉の世界に形にするのか？　即ち，文字の形にするのか？ こうした面白さを本書は大切に掬っている。学習順序にはいろいろな方法があってよいのだが，世の韓国語教育者が一度は触れてみてよいところである。

3.5. 時制論など文法範疇の体系化を目指していること

現在，過去，未来といった概念は〈時制論〉という文法範疇，文法的なカテゴリーのものである。これに対し，同時とか先行といった概念は 20 世紀末葉になって〈タクシス論〉と呼ばれるようになった文法範疇の概念である。7.3 や 152–153 頁の「過去形が同時性を示す」という記述など，本書はしばしばタクシス論的な記述を行っていて，韓国語文法研究の観点からの本書の先進性には驚くばかりである。本書はこうした時制論, タクシス論, ムード（法）論といった文法範疇論を可能な限り体系的に示そうとしている。

ところで時制論において本書が - 겠 - [ke^{t}] を「未来形」としているのは，今日ではほとんど否定されているではないかという批判は当たらない。「実は韓国語の動詞の未来形というのは，かならずしも未来の動作をしめしているとはいえないのです。というのは，未来の接尾辞 - 겠 - [ke^{t}] は，つぎの表のように，過去形や先過去形のなかにもあらわれて予想，推量，意志，蓋然性の意味をもっています」と強調し，未来形という名称は用いているものの，事実上，未来形説を否定しているからである。さりげないこの記述の鋭いところは，単に一方的にこうだと説くのではなく，「過去形や先過去形のなかにもあらわれて」という言語事実を示しながら，諸形式をパラダイム＝活用体系の表として捉える意識を学習者へ促している点である。未来というのは，言語事実に違背しているでしょ，パラダイムとしておかしいでしょ，というわけである。パラダイム，システムとしてどうかを，常に具体的に問う。接尾辞 - 겠 - をめぐる問題は，1970–1980 年代の韓国では「意志推量論争」とでも呼ぶべき事態を招来するほど, 活発な論争を呼び起こすものとなった。そうした長い過程を経て，ようやく未来形説はほとんど否定されたのであった。未来形説を事実上否定している本書は，繰り返すが，1961 年の産物である。ちなみに今日に至っても，何の実質的な説明もなしにまだ未来形と記している教科書が，しばしばある。なお，接尾辞 - 겠 - は〈話の現場において発話者がそう思っているということを明示する〉ほどの機能を有すると思えばよい。その結果として本書が言うように，「予想，推量，意志，蓋

然性の意味」などと受け取られる発話となるわけである。しかし今述べたこうした思考とて，21 世紀になってようやく到達した文法論の産物である。

3.6. 名詞の格の記述の独自的なこと

第 9–11 回の名詞の格の記述，とりわけ 11.3. の「格変化の連体形」という位置づけに至っては，ほとんど驚天動地の世界である。格とは何かを日本語と対照しながらまず正確に押さえ，それぞれの格の詳細へと進む。恥ずかしながら自著も含め，多くの教材が「これは日本語の助詞のこれこれにあたる」程度で済ましていることから考えると，本書が実は文法論への誘いといった性格を強力に有していることが，見て取れる。

助詞とせず，接尾辞としている点も，特徴的である。「接尾辞というのは，単語ではなく」という記述は重要である。助詞と言ったとたんに，「が」だの「を」だのを単語として位置づけるということを意味する。当然のこと，日本語でも助詞は単語としての十全な性格を有していない。付属語と呼んでも，実体は変わらない。接辞と単語の中間的な性質を有しつつ，接辞に近いもの，といったところであるが，本書は通常の語彙のような単語でないことを鮮明に掲げ，文法的な機能を司る形であることに注意を喚起している。

さらには，格変化に連体形がある！ なるほど，動詞など用言にも体言に連なる形，即ち連体形があるのだから，名詞句など体言だって他の体言に連なる形，連体形があってもよいわけだ。面白いではないか。「の」がその代表で，「への」「での」…。格標識のこうした複合した形を連体形として位置づけるとは。こうした文法論に賛成するにせよ，しないにせよ，このあたりは本書の文法論の愉しみの醍醐味であろう。ちなみにその 10 年ののち 1972 年に刊行された鈴木重幸『日本語文法・形態論』（むぎ書房）でも，「連体的な格の基本的なものはの格である」とし，「での」を「連体しどころ格」，「との」を「連体なかま格」など，「連体」の名称を格語尾＝助詞に付している。

「への」「での」など複合形にも相当の分量を割いているあたりは，やはり可能性としての全体像を示そうという本書の志向性によるものであろう。

ちなみに北京大学と延辺大学の朝鮮語専業の編になる，中国の商務印書館で 1976 に刊行された朝鮮語文法書,『朝鮮語実用語法』などを始め,中国語圏で刊行された書物では，こうした複合形は大きな関心が払われる。2 次元の巨大なマトリックスが付されたりもしている。中国語は日本語や韓国語＝朝鮮語のような助詞が存在しない言語だからである。「で」と「の」は結合するのか，どれとどういう順序で互いに結合するのかは，中国語母語話者から見ると，大問題である。なお，韓国では「への」「での」などに相当する，韓国語でのこうした複合した形を，日本語の影響として排し，今日では徐々に用いなくなっている。本書は 1960 年代に留まっているのではなく，そうした時代的な新しい変容もきちんと押さえてあって，数カ所で記述している。

なお，本書 13.4 に見える，日本語の「だ」「である」に相当する - 이다についても，文法論ごとに位置づけの大きな違いがあって面白いところである。日本語圏のほとんどの教材は，基本を韓国の学校文法に拠っていても，ここはそれに従わず,〈指定詞〉として扱っている。動詞や形容詞と並ぶ，活用する用言の一品詞の扱いである。この解説の執筆者も同様である。ただし自立語ではなく，付属語である。

『표준국어대사전』（標準国語大辞典）などを始め，今日の韓国の学校文法では,〈活用する叙述格助詞〉と位置づけられている。なお，韓国でも助詞とせず，指定詞とする文法学者も多い。

1960 年刊行の共和国科学院言語文学研究所言語学研究室『조선어 문법 1』（朝鮮語文法 1）では，- 이 - を体言の用言的形態を作る接尾辞とし,〈体言の用言的形態〉としている。

本書では - 이다のついた形を,〈名詞の述語形〉と位置づけている。これは大きな枠では，共和国文法や言語学研究会とも軌を一にするユニークなところであるが，それらとは異なって，その名の通り,〈名詞が述語となるとき〉の機能を典型的に示す名称となっているわけである。

前述の鈴木重幸（1972）では日本語の「だ」「です」を「むすびのくっつき」

と呼んでいる。「むすび」は同書では繫辞（copula）とされる。「くっつき」はいわゆる助詞を指している。橋本進吉（1882-1945）に大きく拠っている日本の学校文法では，周知のごとく，日本語の「だ」「です」は助動詞という位置づけである。これらを助動詞とする点では,『日本文法 口語篇』（岩波書店，1950; 1978）など，時枝誠記（1900-1967）の時枝文法でも変わらない。日本語の古語を対象にした，言語学研究会の鈴木康之『古典語文法要説』（池上書店，1975）では，古語の「なり」を「名詞を述語にするための補助的な単語」とし,「繫詞」と呼んでいる。

3.7. 形態論を重視していること

単語の内部の造りや変化の形は〈形態論〉と呼ばれる分野が扱う。これに対し，単語の外部，単語が他の単語とどのような関わり，結びつきにあるかといったことを扱う分野は〈統辞論〉と呼ぶ。本書は形態論について，やはり可能な範囲で全体像を示そうという意識が随所に見える。12.1. の形容詞の造語法，語構成についての記述は，入門書では通常扱われないようなことがらである。文法範疇論を用言の活用のパラダイムを示す，形態論的な記述の特徴については既に述べた。否定辞で않다のみならず，書きことばの아니하다を示すなども，入門書超えの矜持であろう。第 15 回の動詞の相についての接尾辞ごとの記述も，形態論重視の現れである。学習者にはよい整理となるだろう。

3.8. 時代精神を形象化しようとしていること

前述のように本書は民族への思いや，あるいはまた労働運動，農民運動，民主化運動といった，当時の闘争の主体への思いが，通奏低音のごとく流れる書でもある。「祖国は私たちが必ず統一する」（62 頁),「農民達はたんぼで仕事をする」「労働者達は工場で仕事をする」（65 頁),「海を渡って祖国へ行く」（96 頁),「平壌はソウルから近い」（107 頁),「マルクスの資本論を韓国語に翻訳する」（122 頁）といった例文に，そうした思いが垣間見えるであろう。「韓国の学生達は勇敢だ」（133 頁）と，韓国での運動への連帯をそっと表明し，「日本に朝鮮学校が 300 あまりもあっただなんて，ほんとうにそんなにおおかったの？」（138 頁）では朝鮮学校をめぐる闘いをさりげなく刻印する。言語学習書という形での歴史の記録としても読むことができる。「となりの部屋にパソコンがある」のように，現代の実情と学習に合わせてごく一部は例文を差し替えてある。

4．終わりに
──21 世紀の今日，なぜ金禮坤『定本 韓国語講座』か

21 世紀の今日になぜ本書かという問いへの答えは，既に明白であろう。本書は決して過去の遺物ではない。現在を生きる書物である。時代的な先進性，文法論の知的な愉しみ，母語と学習主体を見失わない対照言語学的な学び，そして韓国語への愛情といった様々な点において，これに比肩する類書を見ない。1960 年代初頭，韓国語＝朝鮮語学習・教育の，いわば青春時代へと思いを致しながらも，今日学ぶべきものを，極めて豊かに蔵する珠玉のごとき書物なのである。

朝日出版社版として一時，貴重な復刻がなされたのち，入手不可能となっていたものが，今ついにハザ（Haza）により〈定本〉として輝かしく生き返った。本書『定本 韓国語講座』を，心ゆくまで味わい尽くしたい。

（野間秀樹（のまひでき）＝言語学。東京外国語大学大学院教授，ソウル大学校韓国文化研究所特別研究員，国際教養大学客員教授，明治学院大学客員教授・特命教授などを歴任）

索引

本文の主要項目を採録した。数字は該当ページ。太字の数字は，該当ページが多数の場合の，とりわけ重要と思われるページ。索引末尾に解説部分の人名索引を付した。

●サ行

●タ行

●ヤ行

●ラ行・ワ行

●●解説 人名索引

著者　金禮坤(김예곤)（キム イェゴン）年譜

1933 年　兵庫県宝塚市生まれ。1 世であった母のもと，家庭では朝鮮語で育つ

1946 年　戦後，中学，高校と一貫して民族教育を受ける

1955 年　中央朝鮮師範専門学校（千葉県船橋市）卒業

1956 年　朝鮮大学校（東京都）入学。卒業後，研究生として同学に在籍
日本言語学研究会に参加
この頃，九州，関東，北海道の民族学校設立のために活動

1963 年　東京朝鮮中高級学校教員

1967 年　朝鮮大学校教員。のち，同文学部朝鮮語学講座長

1970 年　同大学を辞し，宝塚市へ

1980 年　朝鮮大学校全国同窓会の設立準備委員長，1985 年に初代会長

1984 年　東京外国語大学非常勤講師として数年間，朝鮮語学を隔年講義

1998 年　宝塚市外国人市民文化交流協会創設，同会長就任。宝塚市と宝塚市国際交流協会共催による異文化相互理解事業を開始

2014 年　宝塚市より国際交流功労賞

著作に「国語講座」（月刊『新しい世代』朝鮮青年社，1961-62 年），『朝鮮語会話』（朝鮮青年社，1965 年），『ポケット韓日辞典』，『ポケット日韓辞典』（いずれも사람in 社，2007 年）など。

研究誌『対照言語学研究』（第 6 号から最新号第 29 号まで），および日本語文法の諸著作を海山（うみやま）文化研究所代表として刊行。

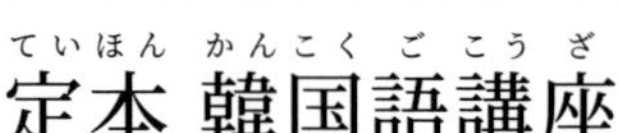

定本 韓国語講座

2024年2月29日　初版第1刷　発行

著者　金 禮坤（キム イェゴン）

解説　野間 秀樹（のま ひでき）
校正協力　上野 都（うえの みやこ）

유진경（ユ　ジンギョン，Yoo Jinkyung）
김광진（キム　グァンジン，Kim KwangJin）
김진혁（キム　ジンヒョク，Kim JinHyuk）

発行者　長見有人
発行所　ハザ（Haza）
〒606-8233 京都市左京区田中北春菜町34-4 茶山kpハザ
(NPOココペリ121)
TEL/FAX 075-777-4069
https://www.haza121.com
印刷・製本　萩原印刷株式会社

Printed in Japan
ISBN 978-4-910751-03-0
C0087

Haza